SOCIODRAMA E SOCIOMETRIA
APLICAÇÕES CLÍNICAS

Dados Internacionais de Catalogação na Publicação (CIP)
(Câmara Brasileira do Livro, SP, Brasil)

Sociodrama e sociometria: aplicações clínicas / André Maurício Monteiro, Esly Regina Souza de Carvalho (orgs.). São Paulo: Ágora, 2008.

Vários autores.
Bibliografia.
ISBN 978-85-7183-044-8

1. Moreno, Jacob Levy, 1889-1974 2. Psicodrama 3. Psicoterapia de grupo 4. Sociodrama 5. Sociometria I. Monteiro, André Maurício. II. Carvalho, Esly Regina Souza de.

08-02741   CDD-150.198

Índice para catálogo sistemático:

1. Sociodrama e sociometria: Psicologia 150.198

Compre em lugar de fotocopiar.
Cada real que você dá por um livro recompensa seus autores
e os convida a produzir mais sobre o tema;
incentiva seus editores a encomendar, traduzir e publicar
outras obras sobre o assunto;
e paga aos livreiros por estocar e levar até você livros
para a sua informação e o seu entretenimento.
Cada real que você dá pela fotocópia não-autorizada de um livro
financia o crime
e ajuda a matar a produção intelectual de seu país.

ANDRÉ MAURÍCIO MONTEIRO
ESLY REGINA SOUZA DE CARVALHO
(ORGS.)

SOCIODRAMA E SOCIOMETRIA
APLICAÇÕES CLÍNICAS

EDITORA
ÁGORA

SOCIODRAMA E SOCIOMETRIA
Aplicações clínicas
Copyright© 2008 by autores
Direitos desta edição reservados por Summus Editorial

Editora executiva: **Soraia Bini Cury**
Assistentes editoriais: **Bibiana Leme e Martha Lopes**
Tradução dos capítulos 1, 2, 4 e 5: **André Maurício Monteiro**
Capa: **BuonoDisegno**
Diagramação: **Jordana Chaves / Casa de Idéias**
Impressão: **Sumago Gráfica Editorial**

Editora Ágora
Departamento editorial:
Rua Itapicuru, 613 – 7º andar
05006-000 – São Paulo – SP
Fone: (11) 3872-3322
Fax: (11) 3872-7476
http://www.editoraagora.com.br
e-mail: agora@editoraagora.com.br

Atendimento ao consumidor:
Summus Editorial
Fone: (11) 3865-9890

Vendas por atacado:
Fone: (11) 3873-8638
Fax: (11) 3873-7085
e-mail: vendas@summus.com.br

Impresso no Brasil

Sumário

Prefácio 7
Zerka T. Moreno

Apresentação 9
André Maurício Monteiro
Esly Regina Souza de Carvalho

Parte I: Sociodrama

1. Sociodrama como instrumento de diagnóstico social: uma experiência no Paraguai 13
Esly Regina Souza de Carvalho
Heve Otero de Sosa

2. Aprendendo com psicodrama e sociometria: duas experiências universitárias 25
André Maurício Monteiro
Esly Regina Souza de Carvalho

3. Atos socionômicos coletivos e o conceito de cena auxiliar 33
André Maurício Monteiro

4. Sociodrama e um estudo do perfil de pastoras 57
Esly Regina Souza de Carvalho

Parte II: Sociometria

5. Emprego de sociometria e confrontos terapêuticos para resolução de conflitos intragrupais 65
Esly Regina Souza de Carvalho

6. Avaliação sociométrica de relações a dois 79
André Maurício Monteiro

7. Intervenção sociométrica na terapia de família: um estudo de caso 97
Esly Regina Souza de Carvalho
Valéria Cristina de Albuquerque Brito

Referências bibliográficas..131

Prefácio

Zerka T. Moreno

Por causa do grande apelo do psicodrama, dois outros aspectos do guarda-chuva criativo de J. L. Moreno (1889-1974) não receberam tanta atenção quanto mereciam: o sociodrama e a sociometria. Com este livro, Esly Regina Souza de Carvalho e André Maurício Monteiro trazem uma considerável contribuição para superar essa negligência. E o fato de essas experiências e aplicações terem origem na América Latina não é tão surpreendente. Nesta parte do hemisfério ocidental, a filosofia da conquista individual não teve o mesmo impacto significativo que teve no Norte. Isso tornou essas abordagens ainda mais importantes, já que a ênfase recai sobre a vida grupal, e os efeitos sobre interação cotidiana vêm para o primeiro plano.

Os autores cobriram uma ampla área da interação humana, desde a exploração da função do diretor em grandes grupos e o sociodrama em vários contextos até a aplicação da sociometria com casais, famílias e grupos em terapia.

É revigorante tomar consciência de que J. L. Moreno não criou a sociometria para ser somente um instrumento de pesquisa, e sim para ser utilizada como um instrumento da vida cotidiana, o que pode trazer maior consciência e sensibilidade à família, ao local de trabalho e à comunidade, no sentido mais amplo. Usando nosso senso de tele, sentindo a realidade do outro, apreciando esse outro ser e relacionando-nos com esse outro em um sentido verdadeiramente interacional; é disso que trata a sociometria. Outros podem falar de "inteligência emocional". Aqui, os autores estão compartilhando sua consciência do potencial que esses instrumentos têm em trazer à luz a "inteligência emocional" que subjaz à superfície da interação em grupos humanos.

Apresentação

André Maurício Monteiro

Esly Regina Souza de Carvalho

Quando nos propusemos a sistematizar os temas de sociodrama e sociometria no papel, atendemos principalmente ao apelo de diversos alunos que continuamente queixavam-se da escassez de relatos em métodos de ação. Segundo argumentação desses alunos, a falta de material dificultava o processo de aprendizagem, a transposição da teoria para a práxis. Outra queixa referia-se à carência geral de relatos de sociodramas e intervenções sociométricas. Descrições e teorização sobre psicodrama monopolizam a literatura, e as intervenções mais tipicamente grupais ficam relegadas a segundo plano.

Apesar do enfoque eminentemente terapêutico das intervenções descritas neste livro, incluímos relatos de situações nas quais a prioridade foi a prevenção. Além da profilaxia e da psicoterapia, acrescentamos sugestões para a sistematização de instrumental de pesquisa em relações interpessoais, principalmente nos capítulos sobre sociometria.

O trabalho aqui sintetizado resulta de coletânea de textos diversos sobre inúmeras situações ocorridas em cenários multiculturais nos quais o psicodrama e os métodos de ação têm encontrado acolhimento crescente. Devido à semelhança com o psicodrama, aproveitamos a proximidade para iniciar o livro com textos que descrevem eventos sociodramáticos, seguidos de aplicações práticas da sociometria. Em cada descrição houve preocupação em registrar a seqüência técnica e o detalhamento didático dos porquês da intervenção.

Cada capítulo constitui-se em unidade própria, com começo, meio e fim, de modo que qualquer relato pode ser um ponto de partida ou de chegada da leitura. Esperamos, assim, incentivar alunos e psicodramatistas a ousarem ampliar os papéis profissionais com a adoção de estratégias mais marcadamente grupais e comunitárias, contextos propícios ao melhor conhecimento da sociodinâmica de grupos e de redução do sofrimento humano.

Brasília, janeiro de 2008

Parte I: Sociodrama

1. Sociodrama como instrumento de diagnóstico social: uma experiência no Paraguai

Esly Regina Souza de Carvalho
Heve Otero de Sosa

Introdução

A idéia original deste sociodrama foi a de ser uma experiência de aprendizagem para um grupo de formação em psicodrama no Paraguai. Entretanto, quando os convites foram enviados, muito mais pessoas ficaram interessadas em participar, e a composição final do grupo deixou os psicodramatistas em minoria.

Em um sábado à tarde, 25 pessoas estavam presentes para participar juntas de uma experiência sociodramática. O formato do jornal vivo foi escolhido e explicado ao grupo pelo diretor. Esse formato particular é muito útil no aquecimento para sociodramas, principalmente no que freqüentemente espelha a situação política do país onde a experiência é encenada. Ademais, é fundamental que todos os psicodramatistas tenham experiência com essa ferramenta, que julgamos ser a mais moreniana de todas.

Quatro grupos foram formados e cada um deles recebeu o jornal do dia com as seguintes instruções: o grupo deveria escolher um artigo, montar uma "fotografia" (como em uma imagem ou escultura) do tema e conferir um título ao trabalho. Ao término de cada foto, o grupo a apresentava aos demais participantes, e um "voto" era dado à imagem com a qual o maior número de participantes sentia-se identificado. As quatro imagens apresentadas tinham os seguintes títulos e temas:

Grupo 1: "A lição vital" – um tema ecológico que se referia à destruição de árvores e outras fontes de recursos naturais do Paraguai.

Grupo 2: "Desafio" – relacionado com um tema feminista. Esse foi um grupo interessante. Muitas das feministas presentes acabaram nele. Elas primeiro escolheram seu tema e depois pesquisaram o jornal até encontrar um artigo que combinasse com a escolha. O artigo dizia respeito aos diversos papéis que as mulheres têm de desempenhar e à força necessária para responder a eles.

Grupo 3: "Justiça social" – referente a diferentes grupos que discutem e reivindicam justiça social, bem como as forças no Paraguai que se opõem a eles.

Grupo 4: "Sem-teto" – refere-se às pessoas que haviam ficado sem habitação devido a recentes inundações no Paraguai.

Quando os resultados da votação foram divulgados, os participantes mostraram-se mais ou menos igualmente distribuídos entre as "fotografias" propostas, mas o grupo de número 3, sobre justiça social, havia vencido o voto sociométrico (veja figura 1).

Sociodrama como instrumento de diagnóstico social • 15

FIGURA 1

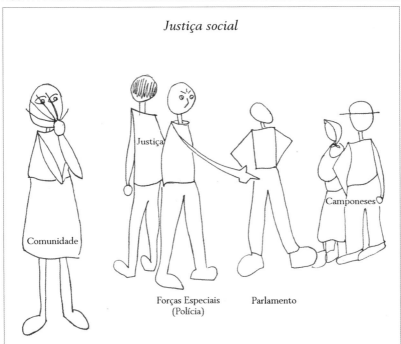

Esta era uma imagem marcante. Quando o grupo a apresentou primeiramente, uma reação de espanto ecoou pela audiência. Apresentamos em seguida um relato sucinto do que aconteceu.

Papéis importantes da sociedade paraguaia estavam presentes: dois camponeses, um dos quais era maltratado pelo Parlamento. A representante das Forças Especiais (Polícia) mantinha o dedo apontado sob a forma de arma na direção deles. A atriz Justiça conseguia conter a policial. A Comunidade olhava a certa distância, com os olhos fechados pelas mãos, mas observava a cena por entre os dedos.

Um fato significativo é que os camponeses compõem aproximadamente 60% da população do país. A Força Policial a que o sociodrama aludia era a que aterrorizava a população durante a ditadura de 35 anos de Stroessner. A Justiça mantinha-se atrás da força policial, uma alusão à epoca em que até mesmo o sistema judiciário subordinava-se à ditadura militar e fechava os olhos ao que acontecia. A imagem representada pela comunidade era talvez a mais significativa: uma sociedade que podia ver o que estava acontecendo, mas tentava esconder-se por trás da ignorância dos fatos.

Uma vez finalizado o processo de votação, os membros que compunham a fotografia original e os que haviam votado nessa opção foram solicitados a permanecer em cena. A imagem foi reencenada e os novos membros convidados a participar com papéis de sua escolha. Iniciou-se assim a ação.

As seguintes instruções foram transmitidas ao grupo que havia ficado sem compor a cena: todos poderiam participar do sociodrama. Entretanto, a fim de entrar no palco, eles deveriam passar por um Comitê Nomeador, composto pelo ego-auxiliar. Nesse caso, o ego-auxiliar escrevia em um pedaço de papel o nome da personagem ou papel que o indivíduo desejasse desempenhar no drama que transcorria em cena. As tarjas de identificação eram colocadas no peito do ator com fita adesiva, para ajudar os demais a saber com qual personagem estavam interagindo. Participantes eram autorizados a mudar de papel durante o drama, mas deveriam também mudar seu cartão de identificação. O espaço psicodramático foi demarcado no chão com fita adesiva. Se algum participante fosse empurrado para fora do espaço dramático, somente poderia retornar à cena com um novo papel.

Seguiu-se uma situação de caos: um pastor começou a pregar ao grupo do alto de um engradado. Os camponeses, engrossados por novos membros que haviam entrado na discussão, gritavam por seus direitos, protestavam diante do Parlamento. A senhora que fazia o papel de Força Policial imediatamente abandonou seu papel e tornou-se uma camponesa. Vários membros novos entraram em cena como idealistas que queriam reestruturar a sociedade.

Repentinamente, "Stroessner", "Rodriguez" (presidente da fase de transição, mas também um general militar) e vários militares entraram numa tentativa de tomar o controle da situação. Outros membros do grupo imediatamente se juntaram para expulsá-los da cena. Somente camponeses foram autorizados a ocupar o espaço dramático, e a senhora que havia assumido o papel de camponesa (ex-policial) virou a Presidente Camponesa, como resultado da revolta popular.

Nesse momento, a diretora interveio com a seguinte proposta: "Vocês têm a oportunidade de reestruturar a sociedade paraguaia como acharem conveniente. Vocês podem nomear líderes do governo, ministros etc., seja lá o que quiserem. Experimentem!"

A Presidente Camponesa nomeou imediatamente os ministros da Saúde, Educação e Reforma Agrária. Muitas outras pessoas tornaram-se camponesas, uma Justiça Social Honesta foi nomeada, bem como uma Comunidade Comprometida com os Pobres. O Parlamento transformou-se em Parlamento Camponês. Uma vez que a unidade básica de governo estava formada, a Presidente deixou o papel e tornou-se Política. Várias tentativas foram feitas para fazer a nova sociedade funcionar. Uma representante dos Refugiados das Enchentes sentou-se no chão pedindo esmolas e gritando por ajuda. Um dos dois homens presentes colocou no peito um adesivo com o título Sociedade sem Homens, como uma reclamação contra a vertente feminista/feminina que a sociedade havia assumido. Um grupo de vários participantes entrou como Povo, afirmando que não eram camponeses e necessitavam de representação na nova sociedade. Nesse ponto, a diretora congelou a cena e entrevistou cada membro no drama.

A Política se deu conta de que tentar organizar e modificar uma sociedade era uma tarefa muito difícil, muito diferente do imaginado. A Reforma Agrária não conseguia entender por que os Camponeses reclamavam tanto se já haviam recebido o que desejavam: terra, ferramentas, maquinário, sementes etc. A Refugiada reclamou que ninguém atendia a suas necessidades. Ela estava faminta, com frio e sem abrigo. Quando a diretora se abaixou para conversar com a Refugiada no mesmo nível do olhar, esta comentou que a diretora havia sido a primeira a olhá-la diretamente nos olhos; prosseguiu reclamando que a Educação havia lhe entregado um livro, mas ela não sabia ler. A Justiça Social Honesta lhe dera um teto, mas este quase esmagou sua cabeça. A Saúde não podia providenciar sequer uma aspirina... O que deveria fazer?

O representante da Sociedade sem Homens afirmou que se sentia excluído e que não havia espaço para ele como homem nessa sociedade construída pelas mulheres. O Povo afirmou que não era constituído de camponeses, mas de médicos, professores, donas-de-casa etc., e que as soluções para os camponeses não eram necessariamente soluções para eles. Havia um sentimento generalizado de impotência: todos queriam contribuir para uma sociedade melhor, mas ninguém sabia realmente como proceder.

Assim que as entrevistas foram terminadas, os participantes sentaram-se. O grupo dispersou-se para tomar um café, já que estavam trabalhando juntos havia duas horas. Retornaram alguns minutos mais tarde para avaliar juntos o sentido do sociodrama para sua sociedade. Todos foram convidados a compartilhar como se sentiram em seus papéis. Os participantes afirmaram haver gostado da experiência e que nunca tinham imaginado que um sociodrama poderia propiciar o surgimento de tal riqueza de conteúdo. Eles estavam atônitos e frustrados com algumas das viradas de ação dramática, ao se darem contra de que coordenar um país não era tarefa fácil. Todos estavam convencidos da autenticidade do que a ação descrevia – sua realidade – e da eficiência de usar um sociodrama para desenhar perfis sociopolíticos.

Havia um nível elevado de expectativa dentro do grupo quando a ação começou. Percebemos um sentimento de comprometimento com o que estavam fazendo durante a dramatização. Eles também perceberam que tiveram sua chance de mudar sua situação política e a enorme complexidade envolvida nesse projeto. Foi interessante notar que, uma vez concedida a oportunidade, eles tomaram consciência de também terem recorrido à força e aos estereótipos autocráticos para resolver problemas – o único modelo político que a maioria dos presentes conhecia. Eles foram capazes de pontuar as dificuldades das soluções teóricas idealizadas – e perceberam o que não funcionaria.

Muitas conclusões interessantes emergiram dessa interação:

1. O tema escolhido lidava com a justiça social, assunto delicado (e perigoso) sob regime de ditadura e que somente agora começava a ter uma chance de ser expresso.

2. Quando a ação era concedida ao grupo, o caos acontecia, conforme mencionado anteriormente. Essa desordem era em parte esperada, se considerarmos a Matriz de

Identidade descrita por Moreno, da qual a ordem emerge. Acreditamos que os grupos passam por diferentes fases da matriz à medida que se formam. Um novo grupo será especialmente caótico e poderá se organizar lentamente até o ponto em que, com o devido tempo, seus componentes possam eventualmente trocar de papel uns com os outros. No entanto, esse sociodrama é descritivo da confusão que a sociedade paraguaia atravessa, à medida que as pessoas tentam aprender novos papéis sob um regime democrático.

3. Em face de tal desordem, tentou-se *impor* uma ordem para organizar o grupo. Os Militares intervieram em uma tentativa de organizar o governo, mas foram expulsos. Parece óbvio que a "sociedade" representada pelo grupo resiste a esse tipo de solução imposta, considerados os 35 anos de opressão no qual viveu.

4. Uma vez que a ação inicial se arrefece com a expulsão dos militares, é percebido certo vácuo – quando a diretora intervém para fazer a proposta de uma nova estrutura social. A Presidente Camponesa é eleita ou quase auto-eleita (de modo muito semelhante ao que os militares haviam feito antes) e autocraticamente distribui os papéis das instituições: Educação, Saúde, Justiça Social. Contudo, a maneira de desempenhar os deveres envolvidos nesses papéis não é ensinada nem explicada. Isso reflete claramente o que acontece no Paraguai: as instituições existem, mas ninguém sabe realmente como fazê-las funcionar, especialmente de modo eficiente e pragmático.

5. Outra observação interessante é a ausência de diálogo entre as partes. Ninguém discute como fazer coisas ou mesmo o que há para ser feito. Não há consultores ou solicitação de ajuda por parte das autoridades. Todos fizeram o que achavam mais indicado. Se pegarmos os jornais em circulação, também confirmamos o que se passa na sociedade em geral. Decisões básicas são tomadas sem a consulta das partes que serão afetadas por essas decisões ou de quem se sujeitará a suas conseqüências.

6. Havia uma participante que representava a Chamada por Eleição, mas ela era solenemente ignorada. Parece que novamente tropeçamos na dificuldade de as eleições livres não serem ainda propriamente compreendidas.

7. Quando o país tem de lidar com um desastre de proporções nacionais, tal como as enchentes ocorridas nos últimos meses no Paraguai, as inadequações do sistema destacam-se claramente. Como ajudar os refugiados? Ninguém realmente sabe por onde ou como começar. As alternativas oferecidas não contribuem para solucionar a situação. Ou se oferece demais (o teto que cai na cabeça da Refugiada) ou a oferta é inadequada (livros para analfabetos).

8. Um tema que foi claramente trazido à luz relaciona-se com o papel de gênero. Essa sociedade foi estruturada por mulheres nos diversos papéis, mas os poucos homens que participaram sentiram-se excluídos pelas atitudes feministas. Uma mulher deixou a cena porque se recusava a participar de uma sociedade sem homens. As duas mulheres que haviam representado o Povo afirma-

ram que não queriam um camponês homem presidente porque todos eram "um bando de machistas".

O mesmo evento foi percebido de maneira distinta: os homens do grupo o entenderam como uma exclusão por gênero, ao passo que as mulheres se sentiram desconfortáveis pelo que imaginam ser uma ameaça masculina. Parece que na nova sociedade que começa a se erguer das cinzas há inícios de redefinição dos papéis de gênero. O que significa ser um homem ou uma mulher nessa comunidade?

O presidente masculino vê o Povo como uma coisa que se coloca no caminho de seus interesses. Apesar de o Povo ter vindo ao palco precisamente para contribuir com a construção de uma nova sociedade, seus representantes parecem não querer realmente ajudar. Há dificuldade em perceber as intenções uns dos outros.

Antes das conclusões, dois aspectos precisam ser mencionados:

a. O papel da cidadania em um regime democrático encontra-se precariamente desenvolvido. Isso significa que, como cidadãs do Paraguai, as pessoas desse sociodrama apenas começam a compreender e praticar um novo tipo de participação política.

b. A ausência de percepção clara com relação aos motivos e ações, demonstrada pelos participantes, levam-nos a entender que a percepção télica social deixa muito a desejar. À medida que essa sociedade se move em direção a uma comunicação/percepção mais télica, deve haver melhor ajustamento social. Quase um ano mais tarde, na revisão deste artigo, os cidadãos paraguaios foram às urnas e elegeram um presidente que era mais ou menos a mesma coisa: alguém que não "balança o barco político" no qual têm navegado por tantos anos.

Gostaríamos de encorajar outros psicodramatistas a entrar no campo do sociodrama. Sentimos que esse é um instrumento de diagnóstico e intervenção social poderoso e esperamos ter ilustrado isso pela descrição e análise dessa experiência. A compreensão mais nítida dos processos sociais por meio de avaliações dessa natureza permite-nos aprender a fazer intervenções mais adequadas que conduzam ao aprimoramento da vivência social.

2. Aprendendo com psicodrama e sociometria: duas experiências universitárias[1]

André Maurício Monteiro
Esly Regina Souza de Carvalho

Este texto descreve o uso de métodos de ação em dois cursos distintos de psicodrama na Universidade de Brasília (UnB). O curso de psicodrama dessa universidade expõe o aluno de psicologia aos conceitos teóricos básicos de J. L. Moreno. Se o conteúdo teórico atende às exigências institucionais, os aspectos práticos do curso derivam das necessidades emergentes do grupo. Proposta semelhante de disciplina optativa ocorre atualmente na Universidade Católica de Brasília (UCB) – normalmente a disciplina mais disputada. As quatro sessões delineadas aqui lidam

---

1 Adaptação do artigo "Learning through psychodrama and sociometry: two university experiences", originalmente publicado em *The Journal of Group Psychotherapy, Psychodrama, and Sociometry*, n. 43, v. 2, p. 85-9, 1990 (traduzido e publicado aqui com autorização do editor).

com o desempenho de papel (*role-playing*) do psicólogo em situações profissionais que ele deverá encontrar após a graduação. Neste relato escolhemos a dramatização de um conto de fadas, uma tentativa frustrada de encenar um jornal vivo e uma sociometria grupal que inclui repercussões na dinâmica do grupo.

Relato da experiência I

Neste primeiro relato, descrevo uma situação na qual o *role-playing* foi utilizado para lidar com os medos que estudantes de psicologia experimentam quando se defrontam com situações simuladas que podem ocorrer no cotidiano de sua futura carreira.

O grupo era composto por treze mulheres e cinco homens que ainda necessitavam de um a dois semestres para finalizar os estudos. Essa experiência foi o desdobramento de uma discussão que emergiu na metade do semestre, quando os alunos começaram espontaneamente a falar sobre planos profissionais e opções de trabalho enquanto aguardavam o início da aula.

A conversa em torno do processo de profissionalização persistiu mesmo depois de iniciada a aula. Propus que recorrêssemos aos métodos de ação para explorar mais detidamente o tema. Os alunos dividiram-se em pequenos grupos, conforme suas preferências nos diversos campos da psicologia. Com base no interesse individual, foram formados grupos voltados para a prática clínica privada, o trabalho com crianças hospitalizadas, com pacientes terminais e com detentos, a pesquisa de mercado e o aconselhamento escolar.

Assim que os alunos se aqueceram verbalmente para a ação, foram preparados os cenários nos quais as situações se desenrolariam. As carteiras disponíveis na sala foram aproveitadas para permitir a encenação de assuntos temidos associados aos campos escolhidos. O grupo foi dividido em profissionais e clientes. Os "clientes" receberam a instrução de desempenhar um papel de verdade e trazer questões usuais que poderiam surgir nos *settings* respectivos. A idéia geral era expor os futuros psicólogos às situações esperadas e inesperadas do dia-a-dia, como se fosse um teste de espontaneidade. Após o término das cenas, os clientes deveriam avaliar como os psicólogos haviam se saído.

Cada desempenho foi observado cuidadosamente. Risos da audiência foram inevitáveis em alguns momentos. O diretor raramente interveio, exceto para estruturar a situação em aquecimento específico do grupo, quando necessário. As *performances* foram convincentes e ao final foi difícil dizer qual grupo tinha sido mais espontâneo. Após cada apresentação de problema, investiguei como o psicólogo havia recebido a demanda e se ele gostaria de tentar algum tipo de devolução. Em caso de dificuldade, solicitei ao psicólogo que saísse de sua cadeira e ocupasse a cadeira do paciente. Depois de repetir a queixa ou solicitação, abríamos as intervenções para o restante da platéia participar livremente, sem censuras.

A fase de compartilhamento foi particularmente esclarecedora. Muitas das dúvidas dos alunos haviam sido abordadas por intermédio do *role-playing*. As situações mais mobilizadoras para os alunos foram relacionadas com o contato com detentos e pacientes terminais. Um paciente com câncer, por exemplo, queria saber que doença tinha e se morreria. O consenso do grupo foi sair do papel de mensageiro do médico e incentivar o paciente a assumir atitude mais proativa em seu tratamento. Comentamos ainda sobre a importância do trabalho multidisciplinar e do apoio ao médico.

Em outra situação, um detento queria ajuda para sair da prisão por bom comportamento, mas tentava coagir a psicóloga a redigir um parecer favorável a sua libertação. Comentamos sobre a dimensão ética e o peso que às vezes a instituição impõe ou delega ao psicólogo. Nesse caso, a profissional assegurou que procederia a uma avaliação em conjunto com outras pessoas do sistema e que faria o possível para ajudar o detento.

Alguns alunos reconheceram que se sentiam incapazes de lidar com algumas das situações apresentadas, principalmente por causa do estresse emocional envolvido – e não por causa da ausência de treinamento técnico. Os demais, em sua maioria, disseram que se sentiam confortáveis em seus papéis e decididos sobre sua escolha vocacional. Alguns dos alunos revelaram ter sentido mais atração por uma situação proposta por um grupo diferente do que por aquela escolhida inicialmente. Quase todos confessaram estar menos ansiosos diante do terreno profissional desconhecido, mas mais próximos dos temas investigados por meio desse método.

Foi curioso observar que nenhum dos grupos escolheu uma situação na qual o psicólogo estivesse em atividade fora do campo – como em um trabalho de secretariado ou bancário –, embora reconhecessem que pressões financeiras da conjuntura econômica poderiam empurrá-los para outra área de atuação. Sabem de muitos colegas obrigados a assumir trabalhos para os quais são sobrequalificados apenas para garantir subsistência. Ficou evidente, no entanto, que ao menos idealmente esse grupo não considerou essa possibilidade, e seus integrantes planejavam lutar por um lugar ao sol.

Discussão

A clarificação da escolha profissional foi um dos resultados mais importantes dessa experiência. Às vezes os estudantes reclamavam que o excesso de opções na universidade os deixava mais confusos do que inspirados. Eles não sabiam exatamente que direção seguir, e a simulação de contextos profissionais em sala de aula permitiu-lhes sentir mais confiança diante das possibilidades de carreira.

Um resultado imediato dessa experiência foi o interesse em abordar temas éticos relacionados com as situações que emergiram durante o exercício dramático. Temas tais como o "poder" do psicólogo e a tentação de fazer coisas para manter os clientes em terapia foram discutidos e pormenorizados.

Ao término do semestre, uma avaliação grupal mostrou que os alunos qualificaram essa vivência como muito significativa. Além disso, desejavam sugerir à instituição a oferta desse tipo de *role-playing* a todos os alunos de psicologia antes do último ano de estudos.

Relato da experiência 2

A segunda experiência ocorreu com outros alunos de psicologia que faziam o curso de psicodrama, dessa vez sob a direção da segunda autora. Três eventos significativos destacaram-se:

1. No início do semestre, a diretora pediu aos alunos para pensarem em um conto de fadas que fosse significativo para eles. Os alunos deveriam agrupar-se e chegar a um consenso grupal. A história escolhida e encenada foi a do Patinho Feio. Comentaram em seguida que

a história parecia se relacionar com seus sentimentos de alunos (patinhos feios) que em breve entrariam no campo profissional e se tornariam "cisnes".

2. Algumas aulas mais tarde, um jornal vivo foi proposto. O jornal do dia foi distribuído a todos. Os alunos ponderaram sobre a possibilidade de encenar diversos artigos. Muitas histórias interessantes foram discutidas em pequenos grupos, mas, quando foi solicitado que fizessem uma escolha definitiva (deveria haver consenso entre os participantes), todos se sentaram e se recusaram a encenar qualquer uma das idéias que haviam sido discutidas. Nenhuma dramatização ocorreu. O fato de ninguém estar disposto a dramatizar tornou-se o tema da discussão.

Tornou-se claro que ninguém queria cooperar com o voto majoritário quando um grupo não concordava com a escolha de outro. A relutância foi associada ao momento político da época: a transição da ditadura militar para a democracia. Os alunos dessa geração haviam vivido sob regime autoritário a vida inteira. Desacostumados a conviver com diferenças de opinião e com procedimentos democráticos, as minorias viraram a mesa, por assim dizer, sobre o que percebiam ser um voto majoritário. A submissão aos desejos da maioria era uma opção inviável devido ao receio de perda de identidade.

Ao associar essa dinâmica ao trabalho anterior, os alunos concluíram também haver certo receio de exposição dos patinhos feios. Era mais confortável um boicote coletivo do que a sensação de serem postos à prova, de assumirem as rédeas da dramatização em jornal vivo. Essa técnica evidencia o sistema de escolhas do grupo e permite um trabalho mais "adulto", pois ele se autodirige na consecução da história.

O medo de finalizar a transição para a vida adulta era intenso o suficiente para paralisar tentativas de desempenho dramático autônomo. Após reflexão sobre essas opções, o grupo mostrou-se, por um lado, mais relaxado pela compreensão do ocorrido e, por outro, ansioso pelos os próximos passos.

3. Mais adiante no semestre, os alunos solicitaram alguma forma mais específica de trabalho terapêutico. A diretora não estava muito disposta a embarcar em um processo de psicoterapia psicodramática porque esse era um espaço de ensino/aprendizagem, de modo que o conjunto de regras contratuais se distinguia daquelas de contexto psicoterápico. Como contraproposta, foi sugerida uma sociometria da turma, de modo que esta investigasse e aprendesse a técnica do teste sociométrico nas inter-relações dos colegas.

No total, 23 pessoas tomaram parte do teste (22 mulheres e 1 homem). As regras foram estipuladas: os alunos não podiam faltar às aulas a partir daquele momento. A aceitação do critério de escolha deveria ser unânime, pois todos se submeteriam a ele. Permitiu-se que uma ampla discussão ocorresse para escolher a ação a ser executada. "Quem escolho para dar um abraço?" Ficou acordado que a execução do critério ocorreria ao término da sociometria.

Cada aluno foi escolhido pelos demais, seja positivamente (o que significava o desejo de dar um abraço), seja negativamente (quem não escolheria para dar um abraço) ou indiferentemente (tanto faz dar um abraço ou não). Os resultados foram tabulados conforme Bustos (1979) e devolvidos aos alunos. Todas as incongruências, mutualidades negativas e indiferentes deveriam ser trabalhadas por meio dos confrontos terapêuticos. De acordo com a técnica do confronto, os alunos sentaram-se em pares, frente a frente, explicando e clarificando as escolhas feitas, com o auxílio de duplas dos demais participantes do teste.

Os resultados foram dramáticos. Muitos relacionamentos foram salvos, e desentendimentos que remontavam à convivência de infância entre colegas de longa data vieram à tona e foram resolvidos. Os resultados foram de tal forma marcantes que uma aluna afirmou ter restaurado a determinação de se tornar uma psicóloga profissional bem-sucedida, escolha profissional da qual havia desistido. Os membros do grupo concordaram que testes sociométricos deveriam fazer parte do currículo regular da universidade.

3. Atos socionômicos coletivos e o conceito de cena auxiliar

André Maurício Monteiro

Este trabalho foi originalmente apresentado em 1995 no XII Congresso Internacional de Psicoterapia de Grupo, em Buenos Aires, mas continua cada vez mais atual. Seus principais objetivos foram identificar dificuldades que o diretor de métodos sociátricos encontra ao conduzir dramatizações com grandes grupos e propor soluções para alguns desses obstáculos. Esta proposta não pretende esgotar todos os problemas resultantes do trabalho com grandes grupos, mas ampliar o leque de recursos para conduzir com êxito essa experiência desafiadora. Na seqüência do texto localizo teoricamente os atos socionômicos coletivos, descrevo algumas características desejáveis dos diretores e apresento passos para a condução de trabalhos com grandes grupos por meio do recurso da cena auxiliar.

Com o intuito de conferir maior versatilidade à proposta da cena auxiliar, condenso os conceitos de psicodrama público, jornal vivo, sociodrama, axiodrama etc. sob a expressão "ato socionômico coletivo". A escolha do termo é arbitrária, como qualquer escolha terminológica, mas torna-se mais prático englobar essas diversas formas de intervenção dramática com grandes grupos em um termo abrangente. Essa condensação não decorre somente de um exercício lingüístico, mas do reconhecimento da semelhança dos processos que se desenrolam nesse tipo de trabalho.

Um denominador comum a essas intervenções é que os atos socionômicos coletivos são pontuais, isto é, são atos isolados do restante da vida dos participantes – com início, duração e término determinados. Não se trata, portanto, de uma vivência continuada, como ocorre em psicoterapia grupal processual de longa duração.

A pontualidade do ato socionômico coletivo demanda um tipo de planejamento que leve em conta essa restrição temporal e espacial na vida dos participantes, mesmo que o protagonista disponha de outro espaço terapêutico regular. Portanto, o ato socionômico coletivo deve ser pautado pela teoria do momento, do aqui e agora.

Além da característica de unidade temporal-espacial, as propostas coletivas comungam de um procedimento de investigação temática com o auxílio de métodos de ação, em vez de dinâmicas que se limitem a um enfoque exclusivamente verbal. Na ação integram-se discurso objetivo, sentimento e movimento. O ato aproxima o indivíduo da vida e o distancia do discurso vazio.

A introdução dos métodos de ação em trabalhos com grandes grupos convida a platéia a expressar-se em sua complexidade e instaura um contexto pautado pela realidade suplementar, que permite a expressão grupal em ambiente protegido. Compreende-se realidade suplementar por aquela que inclui elementos de fantasia privada abstrata do protagonista reintegrados a elementos coletivos e concretos do grupo. A integração de fantasia com realidade resgata momentaneamente o que Moreno descreveu como o primeiro universo da criança.

No âmbito do primeiro universo, suspende-se a vivência diferenciada entre realidade e fantasia do protagonista. Ambas coexistem na mesma dimensão. A permissão do diretor para que o protagonista experimente a realidade suplementar no espaço dramático suprime momentaneamente a brecha entre fantasia e realidade. Tudo é fantasia, porque o espaço dramático é o contexto do "como se" fosse real; tudo é realidade, pois o protagonista pode concretizar e interagir com a fantasia.

Neste contexto co-experienciado de realidade ilimitada vivida pelos participantes do trabalho, os conflitos do indivíduo e do grupo encontram acolhimento e novos sentidos no espaço dramático. A experiência lúdica proporciona aos atores desse contexto imaginário a suspensão da rigidez limitante imposta pelas regras de convivência do contexto social e uma maior flexibilidade na crítica dos conflitos provenientes do contexto social de cada participante.

Outro denominador comum entre métodos de ação e outras formas mais tradicionais de ajuda ao sofrimento é a flexibilização do conceito de sigilo. A reserva de informações reduz-se ao mínimo na situação coletiva. A relativização do sigilo redefine o modo como avaliamos o impacto emocional das dificuldades aparentemente privadas dos componentes de grandes platéias. Uma primeira pergunta poderia ser: "Como proteger o indivíduo do escrutínio grupal?" Uma digressão a esse respeito seria considerar o sigilo um componente do segundo universo da criança em seu desenvolvimento emocional, uma construção sociocultural que perde força na realidade suplementar. A dissimulação de sentimentos que permite o isolamento da fantasia no segundo universo faz pouco sentido no primeiro universo, quando a troca de afetos é mais explícita e direta. O sigilo constitui a brecha entre os dois universos.

No clima de jogo estabelecido pela realidade suplementar, o aquecimento bem-feito reduz drasticamente pontos de constrangimento interpessoal, substituídos pela espontaneidade e pela criatividade. Em vez de ser inibitória, a presença dos outros incentiva e potencializa a expressão e o compartilhamento de experiências.

Ademais, a experiência permite-nos constatar que, quanto mais privadas as queixas trabalhadas no ato socionômico, mais coletivo o impacto no grupo e maior a ressonância do conteúdo dramatizado nos demais componentes. Em vez de oferecer proteção individual, o sigilo sobre o conflito impede que o grupo se reconheça e se supere.

Apesar da aparente simplicidade dessas e de outras semelhanças entre as diversas propostas dos atos socionômicos coletivos, a perspectiva de dirigir um evento dessa magnitude desperta no diretor uma série de temores, sentimentos simultâneos de desafio e insegurança. O desafio resulta da possibilidade de concretizar o projeto moreniano de intervenção dramática da coletividade, sem mencionar a coordenação imediata de aspirações conflitivas de múltiplos participantes. No entanto, apesar desse aspecto ideológico e pragmático, o pólo de insegurança traz para o diretor o risco de relacionar-se com um agrupamento de pessoas desconhecidas, por meio de uma dinâmica específica ignorada por todos os envolvidos e sem nenhuma garantia de êxito. Esses ingredientes ajudam a compor uma fórmula explosiva que dispara a ânsia de fuga ou a reação contrafóbica de enfrentamento do grupo.

Em suma, lidar com um grande grupo e coordenar um ato socionômico coletivo é uma experiência de exposições pessoal e profissional sem precedentes no campo da psicoterapia. O resultado da vivência pode implicar a consagração do trabalho profissional ou o fracasso e aniquilamento pessoal. Em qualquer uma dessas situações-limite, há testemunhas em excesso.

O risco de dirigir um ato socionômico coletivo assusta, em particular, se nossa formação universitária tiver sido preponderantemente de base analítica, que é a mais comum, ou centrada no atendimento individualizado. Apesar dos anos decorridos desde os trabalhos pioneiros de Moreno e outros terapeutas de grupo, prevalece no meio acadêmico o treino com ênfase no bem-estar do indivíduo, tratado isoladamente de seus pares. É comum que para esse indivíduo seja prescrito tratamento psicoterápico com técnicas verbais.

O resultado final dessa política de ensino é um profissional preparado apenas para lidar com um paciente individual, um casal ou, no máximo, uma família de cada vez. Administrar as relações interpessoais de um número maior de pessoas requer preparo específico. Cabe relembrar que, no ato socionômico coletivo, parte significativa da audiência, senão toda ela, jamais foi apresentada aos protagonistas ou ao diretor.

Assumir essa empreitada de intervenção social significa ousar em região pouco explorada tanto em nossa formação universitária quanto no treinamento em métodos de ação propriamente dito. Tendo em vista as características institucionais de despreparo para o trabalho com grandes grupos, as oportunidades de o diretor experimentar atos com maior público dependem mais da iniciativa e persistência do treinando em métodos de ação do que da disponibilidade pessoal do treinador para proporcionar essa experiência a seu discípulo.

Se após essa leitura introdutória você ainda não desistiu de tentar, há esperança e passos técnicos a serem seguidos. À parte as falhas de treinamento do profissional, o diretor encontra-se em terreno viabilizado por recursos oferecidos pelo método dramático. Podemos caracterizar o método em meio ao *setting* no qual emerge um protagonista específico (individual ou grupal); em seguida um projeto de dramatização é engendrado em uma situação de conflito denunciada pelo grupo; protagonista e platéia autorizam diretor a intervir nessa dinâmica emergente; o trabalho encerra-se por meio da simulação de mudanças com o auxílio de *role-playing*.

O conceito de platéia merece um comentário de esclarecimento: os termos "platéia", "auditório", "espectadores" e outros similares descrevem o indivíduo obrigado a assumir uma postura de passividade diante do conteúdo desenvolvido em cena. A impressão de quem observa a platéia seria de receptividade e acolhimento do conteúdo cênico, mas com atitude persistente de observação distanciada e objetiva.

Nos atos socionômicos coletivos não há expectativa dessa atitude estática e intransitiva. Pelo contrário, a platéia é vista como um banco reserva de egos-auxiliares, agentes terapêuticos ou emergentes grupais. A mera redefinição conceitual da atitude esperada da platéia sugere expectativa de maior participação e interação entre os participantes dos contextos grupal e dramático, com mais interação do que aquela observada com a platéia que assiste a um espetáculo de teatro clássico.

Municiado com o arsenal proporcionado pela metodologia dramática, o diretor preserva um roteiro básico estabelecido pelas fases de uma sessão. Este independe de quão complexa seja a trama apresentada ou de quão numerosa e diversificada seja a platéia. A seqüência de aquecimento para a ação vem a seguir, com a dramatização do material proposto e o compartilhamento das experiências vividas durante o ato coletivo. Essas fases podem ou não ser acrescidas de uma avaliação técnica final, também chamada de processamento. A fase do processamento depende da natureza do trabalho. Por ser mais carregada cognitivamente, é mais apropriada quando o ato socionômico coletivo for de cunho didático.

A situação do diretor complica-se um pouco quando o ato socionômico coletivo proposto não é um psicodrama clássico. O psicodrama clássico é a forma de intervenção na qual a escolha de um protagonista individual é seguida pela investigação de seu átomo social e dos conflitos cultivados entre seus papéis psicodramáticos e os contrapapéis jogados pelos antagonistas de sua vida. Componentes do grupo normalmente desempenham esses papéis coadjuvantes. O foco da ação fica em torno de um autor, o que nos remete à formação do diretor centrada no indivíduo.

Os papéis investigados no sociodrama, em contrapartida, devem ser de natureza social, raramente os psicodramáticos. Verifica-se, nesses casos, certo distanciamento da proposta mais tradicional de psicodrama centrado no protagonista unitário. Os papéis investigados e as relações estabelecidas entre eles são de todos os participantes e de ninguém em particular.

Quanto mais afastado for o ato socionômico coletivo de uma vivência de psicodrama clássico, menor o consenso entre os diretores a respeito de como efetivar a transposição das técnicas para o campo experiencial. Moreno, no entanto, deixou clara sua distinção entre psicodrama e sociodrama ao afirmar que "o psicodrama foi definido como um método de ação profunda, lidando com as relações interpessoais e as ideologias particulares, e o sociodrama como um método de ação profunda que trata das relações intergrupais e das ideologias coletivas" (1975, p. 411). Em vez de ser individual, a ação ocorre com subgrupos ou com o grupo inteiro, quando utilizadas diversas modalidades de métodos de ação. O foco de atenção do diretor vagueia sem interrupção, e só em raros momentos detém-se no acompanhamento de indivíduos tomados isoladamente.

Os protagonistas do sociodrama podem ser os mesmos do início até o término do trabalho, ou então ser múltiplos e cambiáveis, pois o foco de atenção é o papel social desempenhado, não o indivíduo que o desempenha. Moreno (1975, p. 413) acrescenta ainda a esse respeito que

> é o grupo, como um todo, que tem de ser colocado no palco para resolver os seus problemas, porque o grupo, no sociodrama, corresponde ao indivíduo no psicodrama. Mas se o grupo é apenas uma metáfora e não existe *per se*, o seu conteúdo real são as pessoas inter-relacionadas que o compõem, não como indivíduos privados, mas enquanto representantes de uma mesma cultura.

Além das diferenças impostas pelas diversas formas de direção entre psicodrama e atos socionômicos coletivos, conduzir uma platéia ao longo do procedimento dramático exige exercício e desenvolvimento de certas habilidades pessoais. Não se trata somente de ajustes do método dramático às particularidades dos participantes, mas de um trabalho pessoal de base que enriquece o perfil cênico do diretor, em comparação com formas de direção com platéias mais reduzidas.

O texto de Zimerman e Osório (1997) lista alguns dos principais atributos desejáveis para coordenadores de grupos, como coerência, senso de ética, respeito etc. De acordo com os autores, além de domínio técnico o diretor deve ter capacidade de integração e síntese do tema proposto e concentração no desenrolar do roteiro. Entende-se por síntese a capacidade de extrair um denominador comum entre as várias comunicações provindas dos indivíduos, unificando-as e centralizando-as na tarefa prioritária do grupo (p. 46-7).

Em campo tenso, o diretor pode se distrair com o ruído produzido pelo burburinho da platéia, pela intensidade afetiva despertada com o trabalho e pela expectativa grupal (ou pessoal) de um final hollywoodiano. A ansiedade do desempenho e os ruídos do grupo contribuem para a perda do fio condutor da história preparada com o grupo. Se o diretor pender para o outro extremo e mostrar-se excessivamente atento a detalhes, paralisa diante dos inúmeros conflitos que emergem simultaneamente quando o grupo se aquece. Encontramos o ponto de equilíbrio do manejo do grupo na transição entre a observação distanciada e a participação comprometida. Craig (1991, p. 50) deixa clara essa alternância ao comentar sobre a importância de oscilarmos entre objetividade e subjetividade, acrescida de uma segunda dialética de estar alerta ao paciente *versus* estar alerta a si próprio.

A seleção de elementos cênicos pertinentes à história é essencial para o complemento do movimento pendular entre focalização e distanciamento. A substituição do protagonista individual pelo grupal impõe ao diretor a tarefa de negociar cuidadosamente com o grupo o que fará parte da dramatização, a fim de evitar a expressão privilegiada de alguns subgrupos em detrimento de outros. A inclusão de personagens ou a mudança de cena pode ser implementada por consulta e votação ou pelo poder discricionário do diretor.

A inserção de elementos aparentemente inócuos à cena, mesmo que um mero remanejamento do mobiliário cênico, tem o potencial de provocar mudanças inesperadas no desenrolar da trama, facilitando seu desfecho ou estancando-a. É óbvio que não é possível antecipar as conseqüências de uma ou outra escolha. O caminho mais seguro é trilhado com o aval intermitente do grupo, o que reduz os percalços da resistência coletiva.

Consideradas as habilidades de concentração diferenciada do diretor e a capacidade para negociar alterações no elenco e no mobiliário, devemos reconhecer que estamos extremamente expostos quando fazemos um ato socionômico coletivo. É fundamental suportar os holofotes. A atividade de consultório a que a maioria de nós está acostumada tem a vantagem reconfortante de nos proteger do escrutínio social direto. É comum, na montagem do consultório, reservar a sala de espera para o contexto social e dividir a sala de atendimento entre os contextos grupal e dramático. Esse conforto esvai-se ao deixarmos o ninho e levarmos os métodos de ação para a coletividade.

A maioria dessas características se refere a traços pessoais de cada diretor, difíceis de serem modificados, mas passíveis de aprendizagem e treino. Uma alternativa para contornar essas limitações pessoais consiste em formar uma equipe diretiva. A composição da equipe varia conforme a ansiedade ou autoconfiança do diretor. Às vezes um ego-auxiliar é suficiente para deixar o diretor mais amparado em sua solidão cênica. Com o estabelecimento de laços de confiança, outros egos-auxiliares podem ser agregados à equipe. Não há número ideal de egos-auxiliares; mais importante do que a quantidade é a relação de confiança entre eles e o diretor. No entanto, o perigo da presença de egos-auxiliares em demasia é prejudicar a concentração do diretor, dispersando-a; ou os egos monopolizarem a cena, impondo o roteiro e usurpando o trabalho do grupo.

Em complementação ao que exponho até o momento, a descrição que se segue tem o propósito de aprimorar mais a área técnica do que a pessoal do diretor. Qualificação técnica e recursos pessoais não se cindem em pólos distintos. Se o repertório técnico do diretor estiver ampliado por meio do treinamento regular, o acesso às qualidades individuais e à autorização pessoal para lançar-se nesse espaço fascinante do trabalho coletivo é obtido mais facilmente.

A fim de facilitar a exposição da técnica da cena auxiliar, apresento a seqüência completa de um ato socionômico coletivo hipotético. Mais do que uma receita pronta para uso, trata-se de uma opção a ser cotejada com experiências de outros colegas. O conceito e o emprego da cena auxiliar são descritos ao longo do relato.

I a. Aquecimento inespecífico

À medida que o diretor consegue negociar internamente a disponibilidade para a condução de um ato socionômico coletivo, iniciam-se os preparativos para a inclusão do agrupamento que aguarda o trabalho dramático. Sempre vale a pena despender alguns minutos para explicar aos participantes o que está acontecendo e para onde se espera que o grupo siga, evitando-se desentendimentos e a pergunta secreta dos participantes: "O que estou fazendo aqui?", facilmente desencadeada pela falta de esclarecimento das regras e pelo sentimento de não-participação ou pertencimento ao jogo. Precisamos dizer o que eles estão fazendo naquele local e, principalmente, o que queremos que eles façam.

Em respeito à heterogeneidade dos participantes, partimos da premissa de que ninguém conhece as regras do ato socionômico coletivo. Tudo que for dito deverá soar como uma grande novidade. Um breve histórico da vida e da obra de Moreno, bem como uma síntese de suas idéias sobre grupos, tem a função de criar uma atmosfera de conexão emocional e aquecer grupo e equipe diretiva para a ação dramática.

Entre os esclarecimentos apresentados ao grupo, ressalta-se a definição de realidade suplementar do jogo, o contexto imaginário do "como se", no qual tudo que ocorre no espaço dramático é como se fosse real. Mais do que a revelação de uma verdade preexistente, o objetivo do trabalho consiste em encontrar opções de ação conjunta para os dilemas vividos por todos. Quanto mais verdades conseguirmos forjar, tanto melhor.

Outro item importante para preservar a intensidade do trabalho relaciona-se com a resolução do material emergente no "aqui e agora" do espaço dramático. Como a possibilidade de sigilo é mínima, encorajamos os participantes a discutir as questões levantadas durante a vivência *in loco*; e não mais tarde, quando tudo houver terminado, em contextos ou com pessoas alheias à experiência.

Devido à movimentação espacial dos participantes em cena, cabe à equipe diretiva preservar a integridade física dos participantes. Contato físico não-consensual é proibido, seja ele de natureza agressiva ou sedutora. Esse é um jogo apenas, não uma competição com vencedores e perdedores. Devemos todos vencer nesse jogo.

A última palavra de ordem prática diz respeito à noção de trânsito cênico. Qualquer participante pode atuar, desde que avise e obtenha autorização do diretor para entrar ou sair de cena. A mudança de papel também é permitida, mas com comunicado oficial. Quem quiser dizer algo deve fazê-lo em cena. O que for dito pela platéia não será considerado, a não ser que o diretor a instrua a se manifestar.

Embora o ato socionômico coletivo não seja um psicodrama público, cabe esclarecer ainda que a intenção da equipe diretiva é a de expor e investigar uma relação social ou um tema grupal. Não interessam os conteúdos privados dos participantes durante a dramatização. Se ainda assim houver quem receie tomar parte da cena, pode participar da posição da platéia. O simples olhar é considerado uma forma valiosa de participação. Parafraseando Watzlawick, Beavin e Jackson (1996), é impossível não participar. O que ocorre em cena repercute na platéia e vice-versa. Não há escolha entre participar ou não. Há escolha quanto à forma de participar, o nível de envolvimento ou o comprometimento cênico que cada participante gostaria de pôr em prática. Para finalizar essa etapa introdutória, pode-se perguntar às pessoas se há outros pontos dignos de esclarecimento ou negociação que tenham ficado pendentes, antes de fechar o contrato verbal e transitar para outra fase de aquecimento.

Estipuladas as regras do jogo, diferencia-se o espaço dramático do grupal e delimitam-se os contextos. A distinção dos contextos pode ser apresentada pela direção ou determinada pelo próprio grupo, como uma estratégia de empregar um iniciador físico. Caso a opção do diretor seja favorável à opinião do grupo, os participantes são convidados a se levantar e a delinear o espaço dramático que julgam necessário para a expressão dos conteúdos a ser apresentados. A movimentação corporal da platéia e da interação entre os participantes provê a equipe diretiva de indícios visíveis do nível de aquecimento grupal.

Mesmo no caso de todos os presentes concordarem integralmente com a condução do trabalho, há sempre aqueles indivíduos mais introvertidos do que o restante, com restrições em expressar-se diante dos demais. Há ainda aqueles sem qualquer restrição expressiva, igualmente ou mais perturbadores para a equipe diretiva do que os retraídos.

Uma forma de contornar essa assimetria de aquecimento entre os diversos participantes consiste em subdividir a platéia e promover jogos de aquecimento em subgrupos. A dinâmica do microgrupo aumenta o envolvimento dos participantes e facilita a disseminação de focos de aquecimento – que contribuem para a homogeneização do aquecimento grupal e promovem a mudança de um agrupamento de pessoas para um grupo mobilizado por sentimento de clima grupal mais uniformizado.

1b. Aquecimento específico – montagens dos subgrupos

Uma vez acordado entre diretor e platéia qual o tema a ser investigado e estabelecidas as regras para essa investigação ser levada adiante, reagrupam-se os participantes em subgrupos, mais fáceis de ser dirigidos. Uma forma de pôr em prática esse arranjo seria com o auxílio de jogos sociométricos. Por meio de uma instrução genérica ("coloque a mão no ombro da pessoa com quem você gostaria de fazer a atividade 'x' hoje"), conseguimos o mapeamento imediato da rede de comunicação grupal.

Uma vez concluídas as preliminares cênicas, quando cada um relatou aos demais do subgrupo sua concepção individual sobre o tema, propõe-se a montagem de cenas ou imagens coletivas que representem as idéias desses subgrupos. Não há cenas certas ou erradas. Há cenas que expressam melhor a emoção do grupo naquele instante. Se houver mais de uma forma de expressão, é eleita a imagem ou cena que melhor represente a essência do grande grupo naquele momento. Caso ocorra empate, basta solicitar uma síntese de imagens.

A montagem de cenas ou imagens requer esclarecimentos adicionais para os grupos pouco familiarizados com a técnica psicodramática, o que pode ser proporcionado pelo acompanhamento dos egos-auxiliares. Todos os componentes do grupo devem ter oportunidade de participar da montagem e ter um espaço de expressão. Os componentes devem concordar com o resultado final da montagem. O trabalho é cooperativo.

1c. Montagem de cena do grande grupo

Uma vez terminada a montagem das histórias nos subgrupos, apresentam-se as cenas para o grande grupo. Durante a apresentação o movimento pode ser utilizado, mas a palavra deve ser evitada, a não ser que seja estipulado um curto prazo para a performance. Sem um limite temporal, o tema corre o risco de esgotar-se na saída. A inclusão de diálogos na fase inicial normalmente cansa a todos e desaquece o grupo.

Presta-se mais atenção às palavras do que à dimensão simbólica da imagem. A imagem concentra em seus elementos constituintes todo um sistema de critérios de escolha temática dos participantes do subgrupo. Expressão e movimento despertam a emoção do grupo e indicam qual opção deve ser escolhida para a fase seguinte.

Uma montagem é eleita para representar o espírito do grande grupo. Não importa mais qual subgrupo foi responsável por sua idealização. No processo de escolha, todos os participantes apoderam-se de seu conteúdo e todos têm o mesmo direito de interferir e influir em seu destino. Até esse momento contávamos apenas com um agrupamento de pessoas. Com a escolha da imagem, inicia-se a dramatização com o grupo propriamente dito.

2. Dramatização

O ato socionômico coletivo é concretizado por quatro grupos principais de papéis. Os primeiros são os papéis principais cênicos. Para eles converge a atenção inicial de todos os participantes. Por meio de seu desempenho representa-se o conflito principal da trama, a possibilidade de superação criativa dos dilemas ou o naufrágio em impasses das relações sociais. Esses papéis são formados e jogados por uma díade de protagonista e antagonista em confronto ou divergência de idéias em seus roteiros. Em sentido lato, é a maniqueização, a polarização de bem e mal, de conservado e espontâneo. Quanto mais conseguirmos nitidez na distinção, mais clara a superação do conflito.

O segundo grupo é composto pelos papéis coadjuvantes cênicos. Caracterizam-se por serem acessórios aos papéis principais cênicos. Os coadjuvantes podem surgir espontaneamente da platéia ou por instrução específica do diretor. Seu objetivo é intensificar a evolução do roteiro da díade principal, mantendo o conflito grupal em evidência e o grupo aquecido.

O terceiro grupo é composto pelos atores que desempenham papel de observadores. Quando pensamos em platéia no sentido tradicional, são esses atores que nos vêm à cabeça. Esse subgrupo é o menos aquecido dos quatro. Aparenta não fazer parte do trabalho, mas sua presença faz diferença para os outros grupos. Imagine uma mesma cena desempenhada em duas situações distintas: diante de 5 ou de 55 observadores. A repercussão nos atores em cena é muito diferente. A presença desses observadores confere mais suporte aos papéis cênicos; eles têm o potencial de incentivar ou inibir a criatividade cênica.

O quarto e último grupo é composto pelos papéis de porta-vozes. Ao contrário do que se poderia pensar, encontram-se na platéia e não no palco. Apesar de sua atividade reduzida, esses papéis são desempenhados em território intermediário entre a cena e a platéia. Respondem ao conflito cênico por meio de reações comportamentais observáveis, tais como riso, choro, comentários, reclamações ou cochichos com pessoas próximas. Desempenham a função de denunciar aos atores o impacto do trabalho cênico em seus pares observadores. Os porta-vozes contribuem para devolver aos papéis cênicos principais e coadjuvantes o *feedback* do que acontece na platéia. Esse conjunto de reações estabelece um ciclo de interação, um pólo de recursividade entre palco e platéia, cada um retroalimentando a reação do outro. Seu nível de aquecimento reduzido não permite a esses atores passagem ao ato cênico. São, contudo, mais interativos do que os que jogam como meros observadores. Uma elevação do nível de aquecimento pode induzi-los a subir em cena e tomar parte atuante na história. A redução do nível de aquecimento faz que assumam o papel mais distanciado de observadores. Nesse espaço intermediário entre a cena e a observação, emergem e desenrolam-se as cenas auxiliares.

3. Finalização

O grupo é soberano quanto à resolução e ao término do trabalho. Normalmente dele emerge mais de um final para o conflito. O diretor deve encorajar a encenação de todas as opções, de modo que os fluxos de idéias dos subgrupos estejam representados e que a catarse se amplifique para além dos atores. Caso não surja qualquer saída, o diretor pode novamente recorrer a cenas auxiliares, provocando os porta-vozes.

Ao término da encenação, segue-se o compartilhamento das experiências individuais. As interpretações intelectualizadas sobre o que ocorreu devem ser desencorajadas e restringidas pelo diretor. O grupo desaquece lentamente e retorna ao contexto social. O diretor agradece as participações.

Cena auxiliar – Definição e manejo

As cenas auxiliares desenvolvem-se no espaço ocupado pelos atores porta-vozes. Os papéis desempenhados por esses emergentes grupais são cenicamente incompletos. Subordinam-se ao grupo dos papéis cênicos e compõem os papéis excluídos de expressão formal no ato socionômico. Seu conteúdo não é naturalmente expresso na cena. O conteúdo da cena auxiliar equivale ao co-inconsciente grupal.

No espaço do contexto grupal ocupado pela platéia, redefinida pela subdivisão dos papéis de platéia em observadores e porta-vozes, ambos potencialmente expressivos, mas diferenciados por níveis de aquecimento, fermentam conflitos não expressos, não veiculados no palco. Todas as cenas apresentadas ao grande grupo – ainda na fase de aquecimento anterior à dramatização – que não foram escolhidas para representação no espaço dramático permanecem parcialmente ativas nessa região.

O andamento semifluido da cena dramática principal, em que o conflito ganha visibilidade, mobiliza a memória cênica dos observadores. Dependendo de sua capacidade de mobilização, esses conteúdos podem incentivar a emergência de porta-vozes de outras tantas cenas que não se encontram no palco, cujo conteúdo associa-se ao da cena dramática principal com infinitas combinações possíveis. Se adequadamente canalizadas para o palco, as cenas auxiliares transformam-se em cenas principais.

Assim como os egos auxiliares, as cenas auxiliares têm o potencial de promover mudanças de curso da história que transcorre no palco. Menos elaboradas que a cena principal, as cenas auxiliares denunciam inconsistências no modo de o grupo do tablado enfrentar conflitos. Elas contêm o que está presente para o público como subtexto, mas não explicitado no roteiro da cena principal. Inicialmente se compõem de microcenas nas sobrancelhas, nos sorrisos e sussurros dos porta-vozes. Ao serem veiculadas para o palco, modificam a totalidade da história. Podem eventualmente se tornar a própria cena principal do ato socionômico.

A função das cenas auxiliares é mais provocar oposição do que consolidar determinada posição. Constituem-se opositivamente à encenação e perdem sua força na platéia ao serem denunciadas e insertas no espaço dramático. Sua expressão é sensivelmente inibida pelo movimento da cena no contexto dramático.

Em reconhecimento à importância da cena auxiliar para a construção e resolução do conflito cênico, pode-se designar um diretor de cena auxiliar para o acompanhamento desse processo. Tal diretor não difere muito do diretor de cena principal; apenas assume uma subdivisão das atribuições do papel de diretor. Essa divisão de tarefas permite ao diretor do tablado concentrar toda a atenção disponível no conflito cênico, em especial nas trocas entre protagonista e antagonista. Enquanto isso, o diretor de cena auxiliar permanece como um eu-observador. Preserva a visão de conjunto e interfere ao perceber a lentificação no processo de aquecimento da cena principal. Interfere também ao identificar a necessidade de transpor informações de cenas auxiliares que permitam reaquecer o desempenho dos atores da cena principal. Funciona na prática como um diretor-geral, atento às trocas entre cena e platéia. É um metadiretor.

De modo análogo ao psicodrama a dois, no qual o diretor acumula suas funções com as de ego-auxiliar, o diretor de cena auxiliar pode ser a mesma pessoa que desempenha as funções de diretor de tablado. O que os diferencia em suas atribuições é o foco de atenção. Um foco encontra-se dirigido para a cena principal, ao passo que o outro se volta para a platéia. Quando trabalham em dupla, formam uma díade diretiva.

Em um ato socionômico coletivo, podem acontecer situações em que um bom aquecimento incentive todos os participantes a estar em cena. Mesmo que não haja qualquer pessoa presente no contexto grupal, permanece o espaço correspondente àquele ocupado pelos porta-vozes, o espaço da cena que circunda e valida a cena principal. Na ausência de pessoas na platéia, o espaço vazio pode ser devidamente demarcado pelo diretor de cena auxiliar com uma cadeira vazia, um dos ícones do psicodrama. Se o metadiretor perceber que os impasses da cena principal desaquecem o grupo, solicita aos participantes que contribuam com o solilóquio da cadeira, representante dos porta-vozes e consultora da cena principal.

Podemos compreender o subgrupo dos porta-vozes como emergentes grupais que veiculam material do meio social para a construção de múltiplas realidades suplementares. Se nesse espaço onde se elaboraram cenas auxiliares existe trânsito contínuo entre material cênico e contexto social, concluímos ser também nele que as mudanças exercitadas no palco devem ocorrer. Os atores que desempenham os papéis de porta-vozes se encontram mais próximos do contexto social quando comparados com os atores dos papéis principais ou os coadjuvantes.

Essa concepção dos componentes das cenas auxiliares retoma a presença da platéia como conjunto de integração dos atos socionômicos coletivos com os espaços sociais em um tecido único, reduzindo as lacunas transcontextuais.

O diretor deve buscar ativamente cenas auxiliares para integrá-las ao ato socionômico e enriquecer o desempenho cênico. Talvez tão importante quanto achar uma solução rápida para os conflitos cênicos seja a elaboração de conflitos evidenciados pelas cenas auxiliares, nas quais o diretor deve concentrar sua atenção caso deseje incentivar mudanças de cunho social. Quando o conflito não se evidencia de imediato no palco, o ato socionômico coletivo transforma-se em ilustração anódina do contexto social, uma caricatura sob a forma de conserva cultural, uma realidade complementar. Em vez de sociodrama, temos um bobodrama. Recuperar a revolução criadora significa ultrapassar esse nível de representação e instaurar as múltiplas realidades suplementares, aquelas que suplantem a repetição do que é percebido como o real dado (conservado) do grupo e permitam a expressão que ultrapasse esse real, modificando-o.

Conclusões

Deve-se considerar o espaço ocupado pelos emergentes grupais como local de transformação fundamental para sistematização do conteúdo jogado no espaço dramático. Apesar de conter elementos dramáticos em menor grau de articulação do que os conteúdos apresentados no espaço cênico, ou seja, em movimento intencional, o espaço dos emergentes grupais mantém reservas de cenas não-veiculadas. Os papéis desempenhados por esses emergentes estão abaixo do limiar de expressão exigidos para a dramatização. O *acting out* desses conteúdos não é visível com uma olhada rápida, pois trafegam em estado de movimento restrito a frações do corpo ou pequenos movimentos faciais. Organizam-se mais lentamente do que o conteúdo cênico e desenvolvem as próprias regras de manifestação. Utilizam hipomovimento no trânsito de emoções fortes (riso, choro), olhares cúmplices, críticas infundadas, tédio ou sono.

As cenas auxiliares mobilizam a sociometria dos pares, mais raramente os triângulos ou as cadeias. Ativam alianças e confirmam rechaços ao ignorar determinados contatos visuais. Nesse sentido, apesar de serem chamadas de cenas auxiliares, podem desenvolver-se em franca oposição ao material dramatizado. Destroem a cena principal caso o diretor não intervenha adequadamente. A relevância de reconhecer a existência de uma cena principal no palco e outras tantas no contexto grupal abre possibilidades de intercâmbio e de suporte à cena, semelhante ao que o ego-auxiliar provê ao protagonista.

A inclusão dessa classe de papéis (porta-vozes) na descrição dos atos socionômicos coletivos confere voz ativa ao grande grupo da platéia. O potencial dramático dos conteúdos desse subgrupo alijado da cena principal implica a necessidade de revisão também do contexto grupal em sua especificidade e a ampliação das intervenções do diretor em relação a seus componentes. A eventual participação dessas pessoas no trabalho cênico, mesmo quando preservada sua posição geográfica fora da cena principal, reitera o conceito de cena auxiliar.

Espero com esta contribuição redefinir e ampliar as funções desse subgrupo nos atos socionômicos coletivos e tirar proveito dessa redefinição para potencializar o trabalho cênico, inspirando colegas a transitar nesse território ainda pouco mapeado.

4. Sociodrama e um estudo do perfil de pastoras[2]

Esly Regina Souza de Carvalho

Histórico

No mês de novembro de 1991, um grupo de oitenta mulheres encontrou-se em Curitiba para participar de outra conferência regional sobre seu papel de pastoras. Esse era mais um encontro que o Conselho Latino-Americano de Igrejas (Clai) havia ajudado a subsidiar por meio de sua Pastoral de Ministérios para a Família, Mulheres e Crianças. Um encontro continental havia ocorrido em Buenos Aires, em setembro de 1989, e vários encontros regionais haviam sido organizados no continente para preparar esse evento. Esse encontro, juntamente de outro realizado em setembro de 1991, tam-

---
2 Neste artigo, o termo "pastoras" se refere exclusivamente a mulheres *ordenadas* por suas igrejas, e não a *esposas* de pastores, exceto em casos em que ambos foram formalmente ordenados.

bém em Buenos Aires, foram os resultados da continuação da conferência continental.

A ordenação de mulheres pode ser tema tão sensível na América Latina quanto nos Estados Unidos, e talvez ainda mais, considerados os desgastes e as desavenças históricas. Há muitos anos, Beatriz Ferrari, então coordenadora da Pastoral de Ministérios para Mulheres do Clai, começou a organizar encontros nos quais pastoras podiam discutir seus problemas e situações específicas. Algumas eram solteiras, outras eram casadas com pastores e muitas viviam situações delicadas na hierarquia de suas igrejas. A discriminação contra mulheres ordenadas é patente em nosso continente, e o espaço da igreja não é exceção.

Como parte das atividades desse encontro no Brasil, conduzimos uma investigação do papel de pastoras. Passamos duas noites trabalhando os diferentes aspectos do pastorado e suas implicações, mas a primeira noite é a que descreveremos em detalhe a seguir.

Descrição da atividade

Mais de oitenta mulheres de todo o Brasil encontraram-se para trocar informações, compartilhar suas experiências e estudar suas perspectivas como pastoras.

Ao iniciarmos os trabalhos, solicitei a cada participante que fizesse um desenho representando como percebia sua situação no pastorado. Cada uma havia recebido uma folha de papel em branco e fôra avisada de que ninguém realmente esperava que elas soubessem desenhar melhor do que uma criança de 6 anos. Assim que os desenhos foram terminados, pedi que se dividissem em grupos de cinco ou seis pessoas e compartilhassem o que haviam desenhado. Como parte das instruções, deveriam escolher o desenho que melhor exemplificasse o que o grupo havia compartilhado e com o qual mais se identificassem pessoalmente.

Foram formados nove grupos, e cada participante cujo desenho havia sido escolhido pelas colegas adiantou-se e compartilhou seu ponto de vista com o grande grupo. Depois de todas terem explicado sua versão, seguiu-se uma votação. As nove representantes ficaram de pé diante da platéia com os desenhos no chão diante de si. O restante do grupo formou uma fila atrás do desenho com o qual mais havia se identificado. Como a votação resultou em um empate para o primeiro lugar, as outras sete participantes e suas companheiras dispersaram-se e foram convidadas a votar novamente, considerando apenas as duas opções mais votadas. Um dos desenhos foi escolhido no desempate e compartilhei com o grupo as regras básicas do sociodrama.

Eu havia marcado um "tablado" com fita adesiva no chão e informado a elas que naquele espaço tudo era possível. O desenho de Ana Glória, que havia sido escolhido (veja figura 2, página 60), seria transferido para o palco e ela deveria escolher entre as participantes aquelas que ela queria que a ajudassem a expressar sua experiência.

Ela convocou três mulheres para serem as "raízes" e explicou que essa árvore era plantada firmemente. De acordo com Ana Glória, suas raízes estavam em Deus, o Autor da Vida, e essa vida crescia dentro do "tronco" (mais três mulheres). O tronco mantinha a seiva, elemento vital para a vida que nutria aqueles com os quais fizesse contato. O topo da árvore era circulado por aproximadamente dez mulheres em diferentes posições. Essas eram as pessoas a quem os pastores serviam:

FIGURA 2

Sociodrama com pastores – desenho escolhido

a igreja e aqueles fora da igreja, em seus ministérios. Algumas eram frágeis e vulneráveis, outras sofriam, e todas necessitavam de apoio e serviço. Finalmente, duas mulheres representavam as folhas caídas da árvore. "Essas caem no chão e morrem, mas tornam-se a semente da qual novas árvores brotam."

Ana Glória escutou enquanto as mulheres, grupo a grupo, repetiam suas palavras e expressões. Em seguida, cada uma foi autorizada a acrescentar ou elaborar aquilo que havia sentido e gostaria de dizer no papel para o qual havia sido escolhida. Algumas expressaram um sentimento de impotência e frustração, incapazes de atender a tudo que lhes era solicitado. Outras expressaram o profundo amor por Deus pelo que estava acontecendo em sua vida. Mesmo a folha que havia "morrido" falou sobre o quanto era importante saber que brotaria revigorada.

Retornamos à platéia e conversamos sobre muitos aspectos que haviam sido percebidos no perfil. A figura foi considerada basicamente muito otimista, com um sentimento de profunda compaixão pelas pessoas ao redor. Otimista, ainda, pois os sentimentos de impotência e vulnerabilidade eram muito verdadeiros. Nomeamos os muitos sentimentos que haviam emergido enquanto a figura tomava forma tridimensional com as pessoas e adquiria vida. Finalmente, comentei sobre a maturidade do grupo, que já havia alcançado um ponto de reprodução (aproveitando o espírito da metáfora) capaz de passar adiante a experiência, a aprendizagem e a própria vida.

Nenhuma distinção foi feita em relação ao fato de todas serem mulheres. Acredito que Ana Glória falou por todas como protagonista. Expressou uma descrição muito madura e cheia de compaixão do pastorado, "uma que tenha mais sentimento do que lógica", disse uma participante, e ainda assim seja capaz de se reproduzir em termos de doação de vida.

Comentários adicionais (André Maurício Monteiro)
Esse relato é tecnicamente curioso porque mostra uma transição entre os três principais métodos de ação na mesma

vivência. O trabalho inicia-se com um psicodrama, desliza pelo sociodrama e finaliza como um axiodrama. A dimensão psicodramática ocorre quando o desenho de uma protagonista grupal (Ana Glória) é escolhido pelo grupo. A protagonista escolhe as personagens que compõem e dão vida ao desenho, transposto para o tablado improvisado. Além de o processo de escolha dos egos auxiliares centrar-se na mobilização individual da protagonista, o roteiro desses egos auxiliares também reflete a simbolização particular de um só indivíduo do grupo.

No entanto, a diretora instrui a repetição do roteiro e o acréscimo da expressão de cada participante com base no desempenho do papel, não mais no desejo individualizado da protagonista. O tema individual socializa-se, assumido pelo grupo com diferentes aspectos envolvidos no desempenho do papel social de pastora, que perpassa o repertório de todas as participantes. Se o sociodrama permite ao grupo investigar o relacionamento entre papéis sociais, nesse relato tal complementação não fica muito evidente num primeiro momento. No entanto, o papel das pastoras que compõem a árvore do pastorado é de ser as próprias pastoras, interatuando com o propósito de manutenção do organismo maior que as excede em sua individualidade.

Finalmente, o ápice do trabalho retoma o tema inicial do pastorado e suas implicações. Por ser um tema que transcende os papéis individuais, mas serve como parâmetro para ordenar um alvo maior para o desempenho desses papéis psicodramáticos e sociais, podemos caracterizá-lo como tipicamente axiodramático.

Parte II: Sociometria

5. Emprego de sociometria e confrontos terapêuticos para resolução de conflitos intragrupais

Esly Regina Souza de Carvalho

Este capítulo descreve a resolução sociométrica de conflitos intragrupais no contexto terapêutico. Descrevo aqui como essa maneira de resolver pendências relacionais também pode ser utilizada em outros contextos.

Introdução

Comecei meus estudos em psicodrama e sociometria no ano de 1979, e esse caso de amor nunca envelheceu. A sociometria não se desenvolveu da mesma forma artística que o psicodrama. Entretanto, nutri por ela um interesse especial à medida que comecei a vislumbrar o vasto potencial dessa parte pouco explorada do projeto moreniano. A sociometria mesclou-se à sociatria – metodologia de curar a humanidade – numa visão que nunca mais me deixou.

Tendo sido iniciada no teste sociométrico, comecei a usá-lo experimentalmente com diferentes grupos. Vários grupos de psicodrama que se encontraram em meu consultório ao longo dos anos submeteram-se a ele.

O estudo de caso a seguir é um exemplo disso. Também utilizei o teste sociométrico quando convidada a ajudar na resolução de dificuldades interpessoais em inúmeros contextos, por exemplo: o *staff* clínico de uma clínica médica. Os resultados foram sempre incríveis. Pendências do passado ressurgiam e eram resolvidas; desentendimentos, clarificados; novas amizades resultavam das intervenções e novos desafios/objetivos eram estabelecidos pelo grupo. Esses resultados encorajaram-me a prosseguir investigando.

Durante meus estudos para o mestrado na Universidade de Brasília (UnB), trabalhei sob a orientação da terapeuta de família dra. Júlia Bucher. Do acompanhamento psicoterápico de algumas famílias em minha prática privada usando psicodrama e sociometria resultou a dissertação *Estrutura sociométrica de famílias alcoolistas: um estudo exploratório* (1987). Como resultado desses estudos, prossegui com o emprego do teste sociométrico, também como uma terapia de família.

O que se segue é o estudo de caso de um grupo de terapia em meu consultório.

Estudo de caso

Esta é a descrição de uma aplicação sociométrica em pré e pós-teste. O grupo em questão existia havia dois anos e os membros apresentavam dificuldades no relacionamento uns com os outros. O grupo era formado por oito membros, sendo que o oitavo havia ingressado apenas quatro meses antes (vou chamá-lo de D). Dois outros eram "sócios fundadores", e os demais haviam ingressado durante o período de dois anos. Todos estavam em psicoterapia psicodramática e progrediam em seus processos terapêuticos.

Um belo dia, D chegou e informou que gostaria de sair do grupo. Ele sentia que não estava melhorando. Nos quatro meses que participou do grupo, não foi escolhido para trabalhar suas temáticas com certa regularidade. A proposta feita a ele foi a de que fosse protagonista naquela noite e trabalhasse sua saída iminente.

À medida que começamos a trabalhar juntos, ficou muito claro que ele tinha uma série de coisas a dizer para o grupo inteiro. Propus, portanto, que estabelecêssemos um confronto terapêutico entre ele e o grupo, de modo que pudesse dizer, construtivamente, o que tinha a dizer aos demais. Ele concordou e as regras foram apresentadas.

No confronto terapêutico, as partes sentam-se frente a frente (nesse caso em particular, D de um lado e o grupo inteiro do outro, embora normalmente o procedimento funcione na base de um para um). Devem, em seguida, dizer ao outro o que desejam, olhando-o nos olhos. Ao lado de cada parte em confronto, coloca-se uma almofada ou cadeira, para que tanto o terapeuta quanto outros membros do grupo possam se acomodar ao lado da parte que fala e "traduzir" as emoções que não são ditas ou comunicadas claramente. Muitas vezes a pessoa diz uma coisa e sente outra. Por exemplo: a pessoa pode dizer "eu acho que você é mau" quando o sentimento por trás dessa afirmativa é "você feriu meus sentimentos com o que disse na semana passada; ainda estou magoado e com raiva; estou com tanta raiva que desejo me afastar de você". O "tradutor" fala na primeira pessoa, como se fosse a própria pessoa. É primordial que esse duplo tente expressar o que a parte tenta transmitir e não consegue. A pessoa que se encontra no confronto pode concordar com o que foi dito ou discordar e corrigir o conteúdo da intervenção, continuando a conversa normalmente. Uma vez que o tradutor tenha tido sua oportunidade, retorna à audiência. O confronto termina quando as partes concordam que disseram o que queriam dizer, que o relacionamento se clarificou completamente ou o suficiente para tornar-se compreensível para ambas as partes.

Uma reconciliação normalmente ocorre quando cada um compreende o que está acontecendo no relacionamento. Em outras ocasiões, experiências do passado são assinaladas para ser trabalhadas em uma sessão futura, a fim de que fique claro para as partes em confronto que suas dificuldades no passado trouxeram conflito e que estão reagindo a essa situação atual em aberto. Há tantos fechamentos quanto pessoas.

Nesse caso em particular, à medida que o confronto entre D e o resto do grupo avançou, tornou-se óbvio que os outros membros também tinham coisas a dizer para os colegas, e não somente para D. Ao término da sessão, propus uma testagem sociométrica, que foi unanimemente aceita; inclusive D concordou em permanecer durante o processo.

Na sessão seguinte, pedi aos membros do grupo para escolherem um critério sociométrico, ou seja, a afirmativa pela qual cada membro do grupo procederia a uma escolha dos demais componentes do grupo. Eles foram informados de que o critério teria de ser algo que pudesse ser executado em nossa presença (o grupo era conduzido por uma equipe de co-terapeutas) e deveria acontecer durante o horário do grupo. A escolha deveria ser detalhadamente discutida e acordada unanimemente, pois todos se submeteriam a ela. Foi reiterado que ninguém poderia perder uma sessão durante o trabalho sociométrico.

A discussão do critério durou mais de uma hora, sendo que a sessão era de duas horas. Eles concordaram em ir a uma pizzaria na cidade e passaram o resto do tempo decidindo sobre o arranjo de assentamento: se ficariam sentados um ao lado do outro, um diante do outro, como um grupo ou em pares. Finalmente, o próprio D ofereceu o que chamou de uma "solução salomônica": sentarem-se na primeira hora em pares e na segunda como um grupo inteiro. Então, o critério de escolha foi finalmente decidido: "Quem escolho para comer pizza comigo em tal restaurante, na terça-feira das 19h às 21h, como um par durante a primeira hora e como parte de um grupo inteiro na segunda?"

Folhas de papel em branco foram distribuídas para os membros do grupo e divididas em três colunas. Na primeira coluna, eles deveriam anotar as escolhas positivas; na segunda, as escolhas negativas; na terceira, as escolhas indiferentes ou neutras. As escolhas positivas seriam as pessoas no grupo que cada um escolheria conforme o critério sociométrico (pessoas com quem se sentariam); as escolhas negativas diziam respeito aos membros com quem não gostariam de se sentar e as escolhas indiferentes relacionavam-se com aquelas pessoas com quem não faria diferença se sentarem ou não. Todos os membros do grupo tinham de ser escolhidos de alguma forma (apesar de a omissão de uma escolha ser uma informação pertinente sobre a dinâmica do grupo), e os nomes poderiam aparecer somente uma vez no papel de respostas, em apenas uma coluna.

As escolhas deveriam ser feitas em ordem decrescente, e a primeira pessoa escolhida na coluna positiva seria aquela com quem o respondente mais gostaria de se sentar e assim por diante. Além do nome da pessoa, deveria haver uma breve explicação para as escolhas efetivadas. Em um segundo pedaço de papel, organizado da mesma maneira, deveriam escrever como pensavam ter sido escolhidos pelos demais membros do grupo e os porquês dessas escolhas.

Os resultados foram tabulados. As mutualidades (escolhas feitas entre pessoas que usaram o mesmo sinal de forma recíproca na hora da escolha) e as incongruências (escolhas com sinais diferentes), a percepção de escolha sociométrica, a emissão e os escores télicos foram calculados (conferir o procedimento em Bustos, 1979). O sociograma de mutualidades foi incluído também.

Ao término dos confrontos terapêuticos o teste foi repetido com o mesmo critério. Os resultados foram computados e comparados. Durante os confrontos terapêuticos, todos os relacionamentos que apresentavam incongruências (sinais diferentes nas escolhas sociométricas dos membros) foram trabalhados, bem como as mutualidades negativas. Mutualidades indiferentes também deveriam ser elaboradas, embora nenhuma tivesse ocorrido nesse grupo em particular.

a. Definições

Antes de prosseguir na discussão dos dados, precisamos definir dois conceitos básicos: tele e sociometria. Tele é um dos conceitos desenvolvidos por Moreno (1975). A palavra vem do grego "a distância" e refere-se ao grupo de processos perceptuais que permitem ao indivíduo fazer uma avaliação correta das circunstâncias relacionais nas quais está inserto. Segundo Moreno, as pessoas podem ter tele tanto com relação a objetos quanto a outras pessoas. Se a capacidade "télica" de uma pessoa torna-se distorcida, começamos a falar sobre processo de transferência, compreendido como o estado patológico de tele. Quando outra pessoa se encontra com relacionamentos pautados basicamente por transferência ou projeção, essa é uma indicação de que sua tele não vai bem. Podemos também dizer que uma pessoa tem tele adequada ou inadequada em relação a coisas ou pessoas.

A sociometria é uma metodologia que permite a mensuração de relacionamentos humanos; oferece a possibilidade de estudo e medição de relacionamentos que existem entre indivíduos em grupo. Trata-se de uma forma direta e eficiente de mensuração, pois promove uma simbolização numérica e gráfica (sociogramas) que pode mapear claramente as relações em grupo.

b. Discussão

Podemos ver pelo escore télico do grupo que havia uma necessidade real de trabalhar suas inter-relações (veja tabela 1, página 72), porque o índice ficou dentro do limite crítico (49%). Esse resultado é considerado *borderline*, sendo que o índice télico entre 50% e 70% é considerado adequado e acima desse percentual é excelente (Bustos, 1979).

No pós-teste, o escore eleva-se para 72%, considerado excelente (veja tabela 2, página 73). Podemos perceber que o número de escolhas positivas aumentou, bem como as mutualidades e os escores de percepção e emissão.

Nos sociogramas (veja figuras 3 e 4, páginas 74 e 75) podemos perceber que os relacionamentos em triângulos, quadrados e círculos também aumentaram em número, o que indica um espectro mais amplo de relacionamentos agora disponibilizados para os membros.

No primeiro teste, H era a estrela sociométrica, ou seja, o maior número de mutualidades, desconsiderados os sinais das escolhas. No pós-teste, temos duas estrelas socio-

TABELA I

	Pré-teste sociométrico							
	A	B	C	D	E	F	G	H
A	X	7±	6–	7–	6±	5+	6+	7+
B	6–	X	6±	7–	6+	5+	7±	7+
C	7–	3+	X	4±	7+	5+	7±	6+
D	5+	2+	7+	X	1+	4+	3+	6+
E	3+	4+	6+	7–	X	7+	5+	2+
F	6–	5±	5–	7–	6±	X	4–	7±
G	7–	4+	5+	2+	6+	3+	X	7+
H	7+	4+	2+	5+	1+	3+	6+	X
Sum+	3	5	4	3	5	7	4	6
Sum–	4	–	2	4	–	–	1	–
Sum±	–	2	1	–	2	–	2	1
Mut.	2	2	4	3	4	0	3	6
Incong.	5	5	3	4	3	7	4	1
Percep.	57%	43%	86%	43%	29%	0	43%	43%
Emiss.	43%	29%	57%	29%	71%	0	43%	71%
Telic.	50%	36%	71%	36%	50%	0	43%	57%

Índice télico grupal: 49% (crítico)

métricas (G e H), e todos os membros do grupo melhoram seus resultados télicos.

Um fato interessante ocorreu com F. No sociograma do pré-teste, ela é vista como uma pessoa isolada com escores de percepção e emissão muito baixos. No entanto, foi escolhida com sinal positivo por todos os membros do grupo. Era extremamente

TABELA 2

	\multicolumn{8}{c}{Pós-teste sociométrico}
	A	B	C	D	E	F	G	H
A	X	7±	3+	7−	4+	5+	6+	7+
B	2±	X	5+	1+	6+	3+	4+	7+
C	7−	7±	X	5+	6+	4+	3+	7+
D	5+	7−	6+	X	6±	7±	4+	7+
E	3+	4+	6+	1+	X	7+	5+	2+
F	4+	5+	2+	3+	6+	X	1+	7+
G	5+	3+	4+	2+	6+	1+	X	7+
H	7+	5+	3+	4+	1+	2+	6+	X
Sum+	4	4	5	3	6	6	7	7
Sum−	1	1	0	1	0	0	0	0
Sum±	0	2	0	0	1	1	0	0
Mut.	4	4	5	3	6	6	7	7
Incong.	3	3	2	4	1	1	0	0
Percep.	57%	57%	57%	43%	86%	57%	100%	100%
Emis.	57%	57%	71%	57%	86%	57%	86%	86%
Telic.	57%	57%	64%	50%	86%	57%	93%	93%

Índice télico grupal: 72% (excelente)

bem recebida e escolhida pelos demais membros do grupo, mas não conseguia perceber isso. Depois que passou pelos confrontos terapêuticos (teve de se confrontar com cada membro, pois apresentava incongruências de escolha com todos), seu escore télico subiu de zero para 57%. No segundo sociograma, ela dei-

FIGURA 3

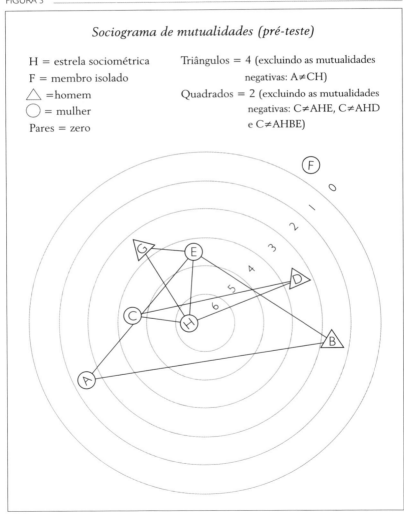

Sociograma de mutualidades (pré-teste)

H = estrela sociométrica
F = membro isolado
△ = homem
○ = mulher
Pares = zero

Triângulos = 4 (excluindo as mutualidades negativas: A≠CH)
Quadrados = 2 (excluindo as mutualidades negativas: C≠AHE, C≠AHD e C≠AHBE)

xou de ser membro isolado e passou a ser vista como o membro mais integrado no grupo. Se o resto do grupo não a tivesse escolhido com tantos eventos positivos, retirar F do grupo seria uma possibilidade a ser estudada, especialmente se ela permanecesse como membro isolado após os confrontos.

FIGURA 4

Sociograma de mutualidades (pós-teste)

H e G = estrelas sociométricas
Pares = zero
Triângulos = 11
Quadrados = 14
Círculos = 3

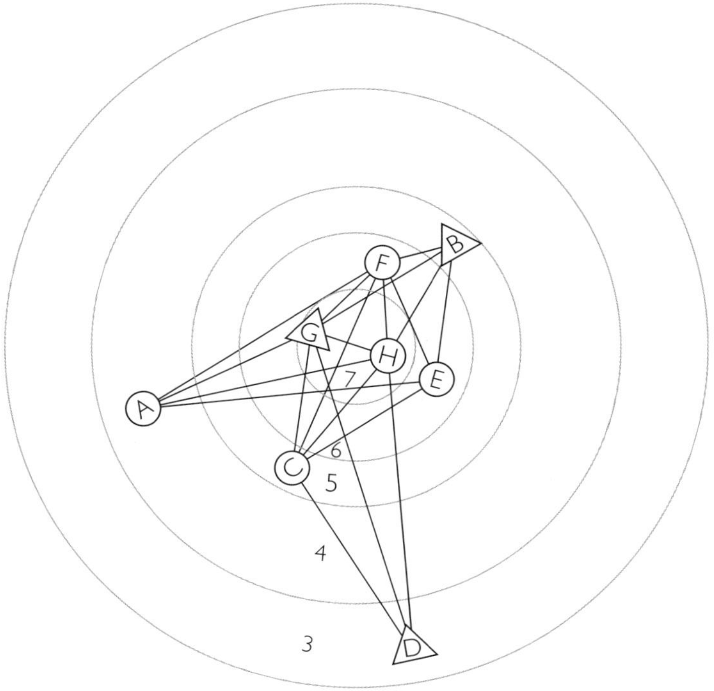

Os confrontos terapêuticos serviram ao propósito de "limpar o ar" e curar vários relacionamentos. Muitas pessoas deram-se conta do quanto sua percepção era distorcida e começaram a trabalhar essas dificuldades em psicoterapia de grupo. Muitos se sentiram aliviados ao descobrir que seus medos de rejeição eram apenas fantasias – um tormento pior do que a realidade. Outros começaram a conscientizar-se de que se relacionavam com os demais companheiros do grupo de modo semelhante ao que fizeram com outras pessoas significativas durante a infância e começaram a trabalhar a superação de algumas formas de comportamento, assim como a desenvolver um átomo social mais rico. Tornarem-se capazes de relacionamentos mais adequados foi estabelecido como alvo da terapia. D decidiu permanecer no grupo.

Conseqüências para os relacionamentos

Tenho freqüentemente conduzido intervenções sociométricas em grupos (em contexto terapêutico ou ensino-aprendizagem). Nunca deixo de me surpreender diante de seu poder de mudar a vida das pessoas. A proposta é às vezes ameaçadora, por não estarmos acostumados a conhecer a "verdade" sobre nós mesmos e a rejeição ou aceitação dos outros. As pessoas muitas vezes ficam admiradas ao descobrir que os outros componentes do grupo gostariam de compartilhar atividades com elas, e que a rejeição existe somente em sua cabeça. Em outras situações, a animosidade existente entre indivíduos pode ser percebida como conectada a experiências do passado transferidas para as circunstâncias atuais. Uma vez compreendida, a divergência na relação atual normalmente se desfaz.

A intervenção sociométrica apresenta, contudo, alguns riscos – e eventualmente encontramos grupos que se dispersam, aparentemente como resultado do trabalho. Acreditamos que esses grupos se dispersariam de qualquer modo, pois a sociometria não "inventa" conflitos – apenas os explicita em um enquadramento que permite ao terapeuta e ao grupo lidar com as dificuldades mais diretamente. Nesses casos, o trabalho sociométrico apenas precipita o processo, talvez com uma ruptura mais clara e menos pendências entre os participantes. Em outros momentos, grupos que estavam prestes a se destruir desnecessariamente foram capazes de resolver os conflitos e permanecer unidos com satisfação.

Acredito que, se pudéssemos usar esse instrumental poderoso com grupos que se mostram abertos à experiência de se conhecer melhor, muitos conflitos seriam resolvidos. É verdade que somente um sociometrista treinado deveria tentar mediar tais conflitos.

O teste sociométrico é um procedimento muito rápido. A escolha de critérios e a aplicação do teste duram aproximadamente entre duas e quatro horas, dependendo do tamanho do grupo. Não é possível antecipar quanto tempo o processo de confrontos demanda, mas os resultados do teste não devem ser divulgados para os participantes se os relacionamentos não forem trabalhados. A informação pura pode ser danosa para as relações caso o material não seja submetido à elaboração conjunta.

Comparado com outros métodos verbais que promovem mudanças em grupo, o teste sociométrico provoca mudanças de modo extremamente rápido e eficaz, como o pré e o pósteste apresentados corroboram. Embora nesse caso particular houvesse apenas oito pessoas, o teste pode ser usado com número ilimitado de participantes. O inconveniente de grupos maiores é a possibilidade de confrontos aumentar exponencialmente, o que exige maior tempo disponível. Um grupo ideal seria composto por oito a doze membros, apesar de grupos com até 25 pessoas serem razoavelmente administráveis, se o tempo permitir. É importante notar que a intervenção deve ocorrer em grupos que tenham se encontrado por algum tempo, para o fortalecimento das redes relacionais entre os participantes.

O emprego do teste sociométrico tem sido amplamente relatado em contextos educacionais, principalmente para identificar alunos-problema, membros isolados e panelinhas. Esperamos que a descrição apresentada neste trabalho sirva para encorajar terapeutas e sociometristas a usá-lo com maior regularidade em grupos terapêuticos.

6. Avaliação sociométrica de relações a dois[3]

André Maurício Monteiro

O criador do psicodrama, J. L. Moreno, concebeu o teste sociométrico, uma ferramenta eficaz para identificar a estrutura da rede afetiva estabelecida entre membros de grupos. Neste capítulo apresento uma adaptação especial do teste, de modo que ele possa ser usado para investigar intercâmbios emocionais de pares em geral. As respostas à avaliação permitem ao sociometrista delinear um mapa relacional, co-construindo com a dupla uma visão geral do relacionamento com referência aos critérios de escolha. Os resultados indicam pilares de sustentação e zonas de conflito

---

[3] Artigo adaptado de capítulo da tese de doutorado do autor, publicado originalmente na *Revista Brasileira de Psicodrama*, v. 9, n. 2, 2001, sob o título "Teste sociométrico diádico: método de investigação co-construída".

do relacionamento dual. A avaliação sociométrica dual (ASD) pode ser utilizada para ajudar na formulação de diagnóstico relacional, auxiliar na elaboração de hipóteses e orientar a eleição de possíveis estratégias de intervenção, dependendo das áreas mais comprometidas. Casais, irmãos e amigos podem beneficiar-se do método de co-construção do conhecimento.

J. L. Moreno trabalhou principalmente com grupos ao longo de sua carreira, procurando compreender as redes de comunicação subjacentes às interações de pessoas. Nessa linha de investigação, interessava-o, em especial, saber o que levava as pessoas a escolher ou rejeitar outras no curso de sua vida, investigando a subseqüente formação de redes sociais em decorrência dessas escolhas.

A fim de entender melhor o mecanismo de funcionamento dessas escolhas, Moreno concebeu um campo teórico-prático que chamou de Sociometria, um dos tripés de seu projeto socionômico (Moreno, 1999). A palavra é composta pelas palavras *socius*, que significa companheiro, grupo, e *metrein*, mensuração. A essas duas referências agrega-se ainda *dráma*, ou ação. Desses três termos resultam outras três áreas de pesquisa: pesquisa de grupo, pesquisa métrica e pesquisa da ação. Por meio do teste sociométrico, Moreno desenvolveu procedimento específico para explicitar a direção e medir a força dessas escolhas individuais. Jennings (1948, p. 11) resumiu a definição ao afirmar que

> em suma, a sociometria pode ser descrita como um modo de apresentar de forma simples e gráfica toda a estrutura de relações existentes entre membros de um grupo em determinado momento. A maior linha de comunicação, ou o padrão de atração e repulsão em todo seu espectro, tornam-se compreensivos ao primeiro olhar.

Mais recentemente, Treadwell, Kumar, Stein e Prosnick (1998, p. 24) reiteraram a dimensão metodológica da sociometria, ressaltando que "em sua essência, [a sociometria] pode ser mais bem caracterizada como uma coleção de métodos para investigar e avaliar redes de relacionamentos existentes ou preferenciais".

A interação entre as pessoas confere dinamicidade ao grupo. O teste sociométrico auxilia o sociometrista na avaliação do ritmo afetivo de maior proximidade ou distância entre indivíduos de determinado grupo e do modo como essa sociodinâmica se organiza. O sociometrista avalia esse fluxo ao acessar atrações e rejeições na rede social dos membros do grupo, amparado pelos resultados providos por um critério de escolha específico.

A prática empírica apresenta evidências de que o uso do teste sociométrico tende a se tornar mais difícil quando é preciso investigar sociometricamente um grupo numeroso (acima de quinze participantes) ou por demais reduzido (menos de cinco componentes). A concepção e a estrutura originais do instrumento tornam a análise e a interpretação dos dados imprecisas nessas situações-limite. Se há pessoas em excesso, algumas das escolhas não são facilmente hierarquizadas. No extremo oposto, a avaliação estatística perde sentido quando o grupo é muito pequeno. A adequação do teste à composição numérica do grupo demanda adaptações do método para permitir uma investigação mais apropriada. Além do tamanho do grupo, outro tema relevante é o emprego da sociometria em grupos naturais, isto é, casais e famílias.

Registros do uso da sociometria na investigação sistemática de grupos naturais são encontrados no Brasil. Carvalho (1987) usou o teste sociométrico para investigar famílias. A autora comparou a estrutura sociométrica de famílias que tinham um membro alcoolista diagnosticado com aquelas sem histórico de abuso de álcool. Diferenças significativas foram apontadas nos sociogramas – que representam graficamente escolhas ou rejeições por meio de linhas que conectam os participantes do grupo, dependendo de suas opções sociométricas.

A análise dos resultados dessa pesquisa indicou que as mães desempenhavam papel vital de organizadoras emocionais nas famílias sem membros alcoolistas. Essa conclusão foi obtida com base em suas múltiplas mutualidades positivas com outros membros da família. Por outro lado, não houve indícios de organizador familiar definido nas famílias com pais alcoolistas. A pesquisa indicou a sensibilidade do teste sociométrico na detecção de inconsistências e dilemas associados aos contextos comunicacionais intrafamiliares.

Carvalho e Brito (1985) também empregaram o teste sociométrico, não somente como instrumento diagnóstico, mas como principal técnica interventiva em uma família durante processo psicoterápico. A avaliação sociométrica ofereceu subsídios para a família superar conflitos transgeracionais específicos relacionados aos filhos em fase de individuação e saída do lar. (Esse trabalho encontra-se pormenorizado mais adiante neste livro.)

Além da família em termos de pesquisa sociométrica grupal, o casal configura-se como um desafio natural de pesquisa. Ao cogitar uma avaliação sociométrica diádica, contudo, o sociometrista encontra certos obstáculos, basicamente metodológicos. Para citar alguns: a ausência de mais pessoas tornaria impossível estabelecer uma hierarquia de escolhas dentro do grupo, reduzido a somente outra pessoa; a seleção de apenas um critério de escolha torna a descrição da riqueza do relacionamento diádico demasiadamente simplista.

A concretização dessa proposta de pesquisa requer alterações estruturais no teste. O próprio Moreno (1951, p. 19) antecipou que mudanças na avaliação sociométrica poderiam acontecer:

[...] o procedimento sociométrico não é um conjunto rígido de regras, mas algo que precisa ser modificado e adaptado a qualquer situação de grupo que apareça. O procedimento sociométrico tem de ser moldado de acordo com as potencialidades momentâneas dos sujeitos, a fim de inspirá-los ao máximo de participação espontânea e ao máximo de expressão.

Essa autorização maior incentivou-me a conceber a avaliação sociométrica dual (ASD), em versão que apresento agora pormenorizadamente. Embora a ASD possa ser utilizada para ampla variedade de propósitos, tais como pesquisa, autoconhecimento ou mera curiosidade, a descrição da seqüência a seguir focaliza principalmente duplas que desejem conhecer melhor o relacionamento. Em minha tese de doutorado (Monteiro, 2001a) focalizei especificamente o emprego da avaliação sociométrica dual com casais, mas nada impede que seu emprego se amplie na tentativa de conhecer outras formas de relacionamento dual, como irmãos, pais e filhos ou amigos. Talvez seja conveniente diferenciar *teste sociométrico* de *avaliação sociométrica*. No primeiro caso, o trabalho é centrado em torno de um instrumento eminentemente quantitativo e objetivo, ao passo que o segundo caso implica um processo mais abrangente e subjetivo de busca de conhecimento.

É importante considerar que, quanto mais verdadeiros forem os participantes em sua intenção de autoconhecimento e auto-expressão, melhores serão os resultados e o prognóstico da experiência e maiores as chances de que o teste estimule aspectos potencialmente gratificantes do relacionamento. Exceto por alguns momentos iniciais, ambos os participantes encontram-se cientes do que acontece com a avaliação em todo o processo.

Espera-se participação ativa dos envolvidos. Os elementos de ação da pesquisa sociométrica são claramente explicitados por Zerka Moreno (2000, p. 113), principalmente no que tange a equívocos freqüentes acerca da proposta de J. L. Moreno:

> Sociometria é democracia exercitada na ação... Não se entende que Moreno jamais escreveu que sociometria envolve gostos e desgostos. Essas versões adulteradas que pesquisadores descrevem como sociométricas são baseadas em uma premissa falsa. Moreno nunca perguntou: "De quem você gosta?" ou "De quem você não gosta?" Ele questionava: "Com quem você gostaria de trabalhar?" ou "Com quem você gostaria de estudar/dividir um quarto?" Estudos não-sociométricos não conectam o "gosta" com o verbo "fazer isso ou aquilo com" porque esses pesquisadores não são pessoas da ação; são observadores, e não fazedores. Sociometria e interações de papel estão fortemente conectadas; sem um verbo, verbos sendo palavras de ação, a pesquisa é inválida como sociométrica e não deveria ser designada como tal.

Podemos cogitar sobre a participação do sociometrista nesse processo, em especial quando o projeto a ser desenvolvido encontra-se, em grande medida, nas mãos dos participantes. Por causa da natureza reveladora do procedimento, é importante a presença de alguém exterior ao sistema dual. Uma pessoa para quem sentimentos ambivalentes e confusos possam ser ventilados e elaborados. Os participantes podem ficar pouco à vontade diante do impacto potencial de suas afirmações relacionais. Sentem-se, portanto, mais seguros diante de apoio emocional estruturado.

A presença do terapeuta é necessária na avaliação sociométrica, especialmente após a aplicação do teste. Nesse momento, formas caducas de visualizar o relacionamento assumem novas perspectivas, provocando crises temporárias. O compartilhar dessas novidades promove a superação de padrões relacionais conservados. Os participantes são encorajados a falar e experienciar formas espontâneas de lidar com temas delicados.

Avaliação sociométrica diádica co-construída

Elaboração das listas individuais

A avaliação começa com o sociometrista explicando aos participantes os princípios da proposta, as regras do jogo. Esse não é um instrumento padronizado a ser infligido a testandos. Após a preparação do conteúdo, o sociometrista/terapeuta não avalia a dupla unilateralmente. São os participantes que preparam ativamente o conteúdo da própria avaliação com o auxílio do sociometrista. Tudo na avaliação resulta do que a dupla negociar, e de nada mais. Ela pode acessar qualquer tópico da convivência que julgar necessário para melhor compreensão do relacionamento.

Depois dessa contextualização, o próximo passo consiste em co-construir a avaliação. Os participantes são instruídos a considerar quais são as necessidades emocionais para o relacionamento. Algumas são percebidas como mais preeminentes, enquanto outras são sutis à primeira vista. Cada um capta e responde a algumas dessas expectativas mais adequadamente do que a outras, menos nítidas. Cada participante deve tomar consciência de quais são os critérios de escolha essenciais para o relacionamento de acordo com seu ponto de vista. Deve ser feita uma lista de demandas individuais do relacionamento. Afirmativas amplas como "desejo que goste de mim" são válidas, mas abertas à discussão devido à imprecisão. O conceito de ser gostado tem sentidos diferenciados para cada pessoa. No caso de uma frase desse tipo ser selecionada para a avaliação sociométrica, é preciso assegurar qual sentido os participantes desejam atribuir ao conceito, para que ambos saibam a que se refere.

As afirmativas devem ser mais específicas. Um exemplo hipotético poderia ser: "Preciso de seu apoio para conversar sobre meu medo de voar todas as vezes que formos viajar". Esse tipo de critério teria seu sentido captado mais facilmente. Frases negativas, tais como: "Não desejo que fale mal de meus amigos" também devem ser evitadas, pois uma não-escolha perde sentido mais adiante na avaliação. A lista será compartilhada na próxima sessão, mas é importante que a atividade seja executada individualmente, cada um respeitando o próprio ritmo.

Preparação da lista definitiva

A lista de necessidades individuais é lida em voz alta no início da sessão seguinte. As listas são, então, comparadas e os itens comuns são conferidos. Com base nessa comparação de listas individuais, é preparada uma segunda lista coletiva, composta pelos itens acordados pela dupla como vitais para o relacionamento. Se determinado item for vital para um dos cônjuges, mas não muito importante para o outro, fica excluído da lista definitiva. As duplas não devem ser deixadas a sós nessa fase. O sociometrista interfere especialmente para esclarecer os sentidos dos critérios de escolha. Assim que a lista definitiva estiver pronta, prosseguimos com a avaliação.

Avaliação sociométrica

Ao olhar para o primeiro item da lista definitiva, cada participante deve ponderar sobre a atitude do parceiro em relação àquele critério. Se não houver qualquer outra pessoa do átomo social que o desempenhe melhor, deve-se marcar o número 1 logo em seguida. Uma explicação breve deve justificar essa escolha. Se o parceiro for muito bom no desempenho do que é esperado, mas não o melhor, quando consideradas as pessoas conhecidas, o numeral deve ser 2, ou mesmo 3, como se fossem medalhas de ouro, prata ou bronze.

Também é possível que não faça diferença se o parceiro é capaz de corresponder ou não a determinado critério. O número 4 expressa essa posição neutra. Entendidos os números de 1 a 3 como correspondentes de satisfação e o 4 equivalendo à indiferença, numerais de 5 a 7 significam escolhas negativas, com o numeral 7 correspondendo à menos satisfatória de todas. Desse modo, apesar de serem somente duas pessoas dispostas a participar da avaliação sociométrica, todas aquelas às quais elas se ligam afetivamente são consideradas.

Teste perceptual

As respostas aos critérios de escolha finalizam a dimensão sociométrica do procedimento. A fase seguinte relaciona-se com a dimensão perceptual do teste sociométrico. Nesse momento, os participantes utilizam uma nova cópia da lista definitiva. Ao repetir a avaliação, tentam imaginar quais foram as escolhas da outra pessoa na parte sociométrica. Nessa fase, cada um deve tomar o papel do parceiro e responder à avaliação como se fosse ele. Além das respostas numéricas, o sociometrista encoraja a dupla a explicitar por escrito as justificativas que subsidiam os porquês das escolhas.

Avaliação quantitativa

As listas são recolhidas e as respostas de ambos os participantes comparadas. Com o propósito de conduzir uma avaliação pluralista, foram desenvolvidos dois níveis distintos de análise, um quantitativo e outro qualitativo. A parte quantitativa do método foi baseada primordialmente nos trabalhos desenvolvidos por Moreno (1972), Bustos (1979) e Hale (1981). A possibilidade de avaliação numérica agrega valor à mera expressão subjetiva da dupla sobre o relacionamento.

O primeiro passo nessa avaliação quantitativa consiste em estimar o percentual atribuído a cada evento. A percentagem dependerá do número de afirmativas que o par tiver incluído na versão final da avaliação sociométrica. Se houver dez critérios de escolha, cada evento corresponderá a 10% de probabilidade de ter ocorrido. Se houver vinte afirmativas (critérios de escolha), cada um equivale a 5% de probabilidade de uma escolha, e assim por diante.

Antes de prosseguir, é importante organizar os resultados, para que a avaliação seja mais prática. Isso é feito com a transferência de dados para uma folha de avaliação composta por quadros subdivididos em quatro, conforme mostrado a seguir:

1. resultado sociométrico do participante 1	2. resultado perceptual do participante 1
3. resultado sociométrico do participante 2	4. resultado perceptual do participante 2

Com esse conjunto de quadros, é possível visualizar todas as informações quantitativas de ambos os participantes em relação a determinado critério. A folha de respostas deverá conter tantos quadrados quantos critérios tenham sido estipulados para compor a avaliação.

Ao verificar os resultados sociométricos (quadrados de número 1 e 3), temos acesso imediato aos índices seguintes.

1. Percentual de escolhas positivas de cada parceiro (e da dupla), indicando o quanto cada um está predisposto a se aproximar do outro, bem como a intensidade dessa escolha.

2. Percentual de escolhas negativas, indicando o quão estressante a relação se encontra, uma sinalização do nível de beligerância da díade para aquele critério.

3. Escolhas indiferentes do par (número 4 da escala de 1 a 7). Esses resultados são considerados fonte potencial para maior definição do relacionamento, seja de aproximação, seja de afastamento. Com base nas considerações apresentadas por Carlson-Sabelli, Sabelli e Hale (1984), precisamos conferir as justificativas para a escolha indiferente. A escolha baseia-se na ausência de aspectos positivos ou negativos, o que significa a indefi-

nição do afeto; ou na presença de ambos os sentimentos – positivos e negativos. Essa coexistência de opostos denuncia o conflito inerente a certas escolhas aparentemente indiferentes.

4. O índice de mutualidade é obtido pela soma de escolhas coincidentes nos quadrados de número 1 e 3. Uma escolha coincidente ocorre quando ambas as escolhas forem positivas, neutras ou negativas, conforme estipulado na correção do teste sociométrico grupal.

Suponha-se um critério que indique desejo dos participantes de compartilhar segredos de infância. Se um escolhe o outro com o numeral 1 e é escolhido com 3, o resultado ainda é de mutualidade positiva. No entanto, se uma escolha for 4 e a outra for 3, não houve mais escolha mútua, pois o 4 indica indiferença em vez de escolha positiva. Mutualidades são importantes para determinar quais escolhas de fato ocorreram e coincidiram, não importando suas intenções.

Intenções ou expectativas referem-se principalmente à avaliação perceptual (como uma das pessoas imagina ter sido escolhida pela outra), a próxima área do teste a ser analisada. Para tanto, é preciso retornar ao quadro anterior. Os resultados da avaliação perceptual devem ser confrontados com os sociométricos. Os resultados dos quadrados 2 e 3 são comparados do mesmo modo que as mutualidades foram calculadas. O mesmo ocorre com os resultados dos quadrados 1 e 4. Essa comparação é feita simultaneamente, a fim de contrastar autopercepção (percepção de si mesmo) e alterpercepção

(percepção do outro). Esse procedimento permite ao sociometrista levantar os percentuais do índice de emissão–recepção.

Para melhor compreender o índice de emissão–recepção, o par é considerado unidade de análise, em vez de dois indivíduos separados. O índice demonstra como cada um de fato comunica-se com o outro, o quanto as respostas de uma pessoa são transparentes e como essa informação é transmitida e decodificada pela outra. O exemplo a seguir clarificará a importância desse índice.

Imaginemos um casal cujo critério de relevância seja a expressão verbal de sentimentos. Nessa situação, o marido escolhe a esposa em primeiro lugar (na verdade reclama que ela fala em demasia sobre sentimentos, mas é boa nisso) e acredita ser escolhido em quarto lugar (acha que ela se conforma com sua relutância em falar de si). Ela o escolhe com um 7 (ressente-se amargamente com o fechamento dele sobre emoções) e percebe-se escolhida em primeiro (ele já disse que ela fala pelos dois). O quadrado obtido é o que se segue:

7	1
1	4

5a. Emissão dela – recepção dele (numerais 7 e 4). Nesse caso, houve uma falha no tocante a essa linha de comunicação, pois ele achou que a esposa o escolheria indiferentemente, quando na verdade houve rejeição máxima.

5b. Emissão dele – recepção dela (numerais 1 e 1). Ambos estão sintonizados, pois houve acerto das duas partes, com escolha máxima tanto no sociométrico quanto no perceptual. O resultado indica ser mais fácil para o marido deixar clara sua posição e para a esposa captá-la em relação a esse critério do que o contrário.

6. O índice télico é obtido com a média de 5a e 5b. Tele (a distância) é a capacidade de decodificar corretamente mensagens em níveis verbal e paraverbal, bem como de transmiti-las de modo claro. O índice télico estabelece um parâmetro de saúde psicológica, baseado em mensagens corretamente percebidas no âmbito do vínculo emocional. Quanto mais próximo de 100% for o índice télico, mais a díade nutre um relacionamento sem viés transferencial no que diz respeito aos critérios escolhidos.

Essa introdução quantitativa e estimativa de índices reitera o que Berg (1998, p. 161) defende sobre sociometria:

> [...] as técnicas usadas nas estratégias sociométricas não foram desenvolvidas em um vácuo. Em vez disso, são intrincadamente relacionadas a resultados empíricos, estabelecidas como resultado de repetidos testes de teorias e conceitos. Essas avaliações empíricas sustentam a validade e confiabilidade de cada técnica. Compreender as origens teóricas da sociometria é um pré-requisito importante para o uso adequado de avaliações sociométricas.

Avaliação qualitativa e comentários finais

A avaliação sociométrica revela-se reducionista na dimensão quantitativa, quando executada sem contemplar a visão mais integrada da subjetividade dos participantes em relação aos critérios de manutenção do vínculo. Apesar da importância do levantamento de percentuais e índices para propósito de comparação objetiva, a avaliação sociométrica oferece oportunidades ao sociometrista de aprofundar o conhecimento sobre a intersubjetividade dual.

As explicações dos participantes para clarificar escolhas em relação ao procedimento oferecem ao clínico elementos para hipotetizar como o elo emocional organiza-se e mantém-se. A ASD permite ainda a observação direta de estratégias adotadas pelos participantes da avaliação para elaborar critérios de escolha, bem como as justificativas para essas escolhas.

O principal objetivo da avaliação qualitativa é explorar os sentidos implícitos nas explicações que os testandos atribuem às escolhas e às inconsistências comunicacionais evidenciadas pelo teste sociométrico. A avaliação dos critérios de escolha incongruentes configura-se passo essencial para detectar áreas de conflito e falhas na percepção recíproca.

O sociometrista pode reunir seqüencialmente as justificativas apresentadas pelos cônjuges para suas escolhas sociométricas e perceptuais. O arranjo composto pelo agrupamento das justificativas forma um texto passível de análise. O texto justificado pode ser devolvido à própria dupla para reflexão. Reações típicas a esse procedimento normalmente são: "Nunca imaginei que você pudesse se dar conta/perceber isso", ou "Eu mal me lembro disso; pensei que tivéssemos superado". Velhos ressentimentos e colusões com outras pessoas significativas exteriores ao vínculo afloram. O que antes era óbvio eventualmente torna-se inconsistente ou adquire sentidos inesperados para o relacionamento.

Observações desse tipo refletem o quanto a comparação de impressões é efetiva para propiciar uma reavaliação do sistema de crenças do casal. A troca estimula a produção de diálogos interpessoais, e não de diálogos internos. O afluxo de informação estruturada fornecida pela ASD desafia crenças atávicas e impulsiona a dupla a contemplar posições espontâneas em relação ao contrato relacional.

Tecnicamente, há várias rotas que o sociometrista pode percorrer além da anterior, de natureza eminentemente clínica. As justificativas podem ser lidas pelos participantes em voz alta, e as diferenças discutidas ou encenadas sociopsicodramaticamente, dependendo do aquecimento dos participantes.

Além do enfoque psicodramático, outra forma de usufruir desse material ocorreria com o amparo do referencial proposto pelas teorias narrativas. Mediante devolução do texto justificado aos esposos, seria solicitada a eles outra versão desse texto, a ser enviada sob a forma de carta (e-mail) para o cônjuge. Essa seria uma opção sociométrica. Em versão perceptual, os parceiros poderiam executar a mesma tarefa, mas escrevendo um texto para si mesmos, imaginando uma nova versão que os companheiros gostariam de enviar a eles. Outras opções podem surgir, dependendo da espontaneidade do sociometrista e da demanda específica da dupla.

A ASD funciona como um modo estruturado de provocar a sistematização de texto formal do relacionamento. Embora o procedimento tenha estrutura definida, o emprego é dinâmico e centrado nos participantes. Mostra-se um instrumento eficiente na detecção de dilemas ocultos. Quando estes são iluminados, aumentam as chances de a dupla implementar novas estratégias adequadas às expectativas dos participantes.

A narrativa centrada no terapeuta é substituída pelo discurso relacional diádico. Parceiros agem como protagonistas no processo de auto-avaliação, em vez de como coadjuvantes do sociometrista. Assim, a ASD auxilia o terapeuta a devolver à dupla o poder de autoria de seu discurso. A confrontação imediata dos textos tem efeito poderoso sobre valores estabelecidos, abrindo espaço para que solilóquios e duplos venham para o primeiro plano. Negociações relacionais permitem aos participantes trocar de papéis e ver a posição de cada um com múltiplos olhares.

A metodologia sociométrica incorpora ao processo o relacionamento como unidade de investigação, além do plano individual. Contribui com novos recursos para a terapia marital e familiar (incluídos pares de irmãos, progenitores–filhos), bem como situações de amizade com sujeitos potenciais que desejam aprender mais sobre seu relacionamento por meio de escrutínio sistematizado.

Parafraseando Berg (1998, p. 173), aplicações sociométricas encontraram lar entre pesquisadores organizacionais, educacionais e da psicologia social. Essas técnicas têm também retornado ao fluxo principal de textos técnicos. O verdadeiro teste será observar se os pesquisadores reconhecem a utilidade dessa abordagem para seu trabalho.

7. Intervenção sociométrica na terapia de família: um estudo de caso[4]

Esly Regina Souza de Carvalho
Valéria Cristina de Albuquerque Brito

Introdução

Como empregar a avaliação sociométrica no âmbito da terapia de família? Remeto-me à dissertação de mestrado sobre estruturas sociométricas de famílias com alcoolistas (Carvalho, 1987), na qual encontramos algumas respostas e inspiração para relatar essa intervenção sociométrica em psicoterapia familiar. No estudo de caso deste capítulo, demonstraremos o uso do teste sociométrico e dos confrontos terapêuticos como forma de afirmar a utilidade desse método na intervenção terapêutica de uma família

---

4 Adaptação do artigo "Sociometric intervention and family therapy: a case study", originalmente publicado em *The Journal of Group Psychotherapy, Psychodrama, and Sociometry*, n. 47, p. 147-64, 1985 (traduzido e publicado aqui com autorização do editor).

com membro alcoolista. A proposta inicial foi diagnosticar a estrutura sociométrica da família que nos procurou para atendimento. A metodologia sociométrica incrementa as possibilidades de trabalhar os vínculos familiares. A família foi submetida aos mesmos critérios utilizados na dissertação, a saber:

Critério 1: pergunta sociométrica. "Quem eu escolheria em minha família para passear comigo?" A esta agrega-se a pergunta perceptual: "Como creio que fui escolhido(a) pelos outros membros de minha família?"

Critério 2: pergunta sociométrica. "Quem eu escolheria para contar um segredo?" Pergunta perceptual: "Como creio que fui escolhido(a) pelos membros de minha família?"

A imposição dos critérios de escolha foi feita como forma de ordenar os resultados com a intenção de compará-los com os dados sobre outras famílias estudadas na dissertação. Normalmente o grupo é incentivado a negociar e escolher as próprias perguntas. Os critérios escolhidos também tiveram como base a idéia de comparar mudanças nos sociogramas quando a vinculação fosse mais superficial (passear) ou mais íntima (segredo).

Os membros da família faziam eleições (positivas, negativas ou indiferentes) em relação aos outros componentes do grupo familiar. Também foi explicado à família que suas eleições deveriam obedecer a uma ordem hierárquica. Por exemplo, a pessoa que fosse colocada em primeiro lugar na coluna positiva seria aquela com quem mais gostariam de passear (critério 1). A segunda seria de fato uma segunda opção e assim sucessivamente. A essas eleições foram atribuídos valores decrescentes a partir de N-1, onde N é o número total de membros da família.

Os dados foram avaliados depois de sua correção, segundo Bustos (1979), e os sociogramas elaborados com base nessa informação. Uma vez corrigido o teste sociométrico, os resultados foram devolvidos à família para serem trabalhados mediante confrontos terapêuticos. De acordo com essa técnica, as partes que deverão conferir suas dificuldades se sentam uma diante da outra, lêem os porquês de suas eleições e, olhando nos olhos, dizem o que quiserem com a finalidade de aclarar os motivos que levaram ao desencontro de opiniões ou percepções de escolha.

A técnica do confronto terapêutico diferencia-se de um "jogo da verdade" no que diz respeito ao manejo: ao lado de cada membro em confronto, coloca-se uma almofada (ou cadeira). Assim, os outros membros da família, bem como os terapeutas, podem entrar e "traduzir" as emoções não ditas claramente. (Por exemplo, pode-se dizer para o outro "Creio que você não serve", quando nas entrelinhas isso significa "Você me maltratou com coisas que já me disse e estou com raiva e ressentido. Estou com tanta raiva que quero me vingar de você".)

Os "tradutores" devem falar na primeira pessoa do singular por quem estiver com a palavra, como se fossem esse indivíduo, e devem tentar expressar os sentimentos deste (não suas próprias idéias). Quem estiver no confronto pode aceitar (ou não) a intervenção, e a conversa avança desse ponto. Uma vez que o tradutor tenha feito sua intervenção, retira-se de cena. O confronto termina quando ambos os participantes que desejam esclarecer seus desentendimentos comunicacionais reconhecem que falaram tudo que queriam expressar, ou quando o relacionamento fica claro, de forma que cada um entenda o que ocorre. Muitas vezes uma reconciliação é efetuada assim que ambas as partes conseguem se entender. Outras vezes, as experiências do passado são vividas como coisas pessoais a serem resolvidas. Enfim, há tantos finais para os confrontos quanto pessoas para confrontar.

Este estudo de caso tem a intenção de averiguar a eficácia dessa forma de intervenção terapêutica, visando possibilitar sua utilização com grande número de famílias, como forma de intervenção antecipada em famílias com problemas. As vantagens de seu uso são:

1. Rapidez de aplicação: pode ser feito em uma hora, com toda a família reunida.

2. Dados concretos: resultados listados, sociogramas elaborados e comparação concreta com grande número de famílias possibilitam a identificação de estressores familiares.

3. Método de respaldo nas ciências sociais e humanas: medir uma variável complexa como o "vínculo familiar" costuma ser bastante subjetivo e de difícil avaliação. Com o sociograma, é possível ver claramente a estrutura da família.

4. Devolução de informações concretas às famílias, com vistas à confirmação de suas dificuldades: é possível descobrir em que pontos essas dificuldades residem e a possibilidade de intervenção terapêutica e subseqüente melhora nos vínculos familiares.

Estudo de caso

Uma família nos buscou com a queixa inicial (por contato telefônico) de que estava enfrentando dificuldades de relacionamento, principalmente entre pai e filho. A família era composta pelo pai (46 anos), mãe (46 anos), filho (21 anos) e filha (19 anos). A mãe fez o contato inicial para marcar a entrevista. A família toda compareceu à primeira sessão e às posteriores.

Primeira sessão

A sala do consultório era composta por duas cadeiras para a diretora e a ego-auxiliar, um tablado retangular no centro da sala, almofadas grandes e pequenas para os participantes sentarem-se (e eventualmente utilizarem na estruturação de imagens). A mãe e o pai sentaram-se nas almofadas em um lado da sala, com distância aproximada de um metro entre si, e os filhos na mesma disposição no outro lado do tablado.

Perguntamos a razão de sua vinda, e a mãe inicialmente expôs os motivos: havia muitas dificuldades no relacionamento entre o filho e o pai, e a família acreditava que a terapia poderia ajudar. Prosseguimos entrevistando cada um sobre a motivação de vir à terapia. O pai expôs que era "boêmio". Gostava de sair para tomar cerveja com os amigos, o que o tornava um "pai ausente" (sic). Reconhecia as dificuldades e dispunha-se a cooperar com o processo de terapia, já que sua terapeuta lhes havia encaminhado. O filho relatou dificuldades semelhantes, assim como a filha; vale notar que, enquanto o filho falava, em momento algum dirigia seu discurso ao pai, evitando inclusive contato visual.

Entre as muitas queixas feitas pelo filho (relatou um exemplo recente com o pai), dizia que o pai não o ouvia e insinuava que o tratava como criança. O pai expôs que se preocupava muito com filho, que havia nascido de parto difícil (a mãe foi consultada acerca dos detalhes do parto). Enquanto o pai falava, foi interrompido um sem-número de vezes pelo próprio filho, o que foi marcado pelas terapeutas. Todos foram consultados sobre a disponibilidade de trabalhar juntos em terapia e concordaram. O trabalho foi explicado em poucas palavras, o contrato aceito e a sessão seguinte marcada. O filho reclamou um pouco quanto ao horário combinado, mas depois aceitou vir.

Comentários

Como de costume, a primeira entrevista buscou situar a problemática e a queixa, inclusive com o propósito de confirmar ou não a intervenção terapêutica. Nesse caso algumas coisas ficaram claras:

1. A família estava buscando ajuda e disposta a se esforçar para atingir tal fim.

2. A necessidade de intervenção terapêutica foi confirmada, levando-se em consideração:

    a) a problemática que eles mesmos traziam, principalmente a queixa de dificuldade relacional entre membros da família (pai–filho);

    b) a suspeita de alcoolismo do pai;

    c) foi excluído o diagnóstico de psicose entre os membros, o que teria obrigado as terapeutas a outro tipo de intervenção; todos os membros sabiam ler e escrever, o que possibilitaria o uso do teste sociométrico.

Segunda sessão

Ao entrar na sala, a divisão da família manteve-se bastante parecida com a disposição da sessão inicial, mas a mãe sentou-se do mesmo lado que o filho, frente ao pai, e a filha sentou-se do mesmo lado que o pai, diante do irmão, de forma que havia novamente a estrutura de "dois casais", mas de forma diferente da original.

Depois de breves palavras introdutórias, foi exposta a proposta de um pequeno teste que ajudaria no desenvolvimento do trabalho. O filho disse que se "tivesse de escrever muito" não queria participar. A mãe afirmou que "já que haviam buscado ajuda, deveriam submeter-se ao pedido das terapeutas". Ao ver que se tratava de um teste simples, o filho acabou aceitando.

Foram distribuídas folhas de papel em branco, dobradas em três colunas, com sinal positivo, negativo e "mais ou menos" no topo de cada coluna. Pediu-se que cada membro identificasse a folha com seu nome e a palavra "sociométrica" no exterior da página. Deveriam completar as colunas segundo o critério: *Quem eu escolheria para passear comigo?* Uma pequena justificativa deveria seguir o nome do integrante da família, explicando o porquê de haver sido enquadrado na referida coluna. Uma eleição na coluna positiva significava uma pessoa da família que escolheriam para passear. Uma eleição na coluna negativa significava que não escolheriam tal integrante da família para passear. Uma eleição na coluna mais ou menos significaria que "não importava" ao indivíduo ir ou não passear com essa pessoa.

Foi ressaltado que todos os membros da família deveriam constar uma única vez na folha, em alguma das colunas, que somente os outros três membros da família poderiam ser escolhidos e que a justificativa era importante. O procedimento para o teste de percepção foi o mesmo (*Como creio que fui escolhido para passear?*). Repetiu-se o procedimento para o segundo critério: *Quem eu escolheria para contar um segredo? (Como creio que fui escolhido para contar um segredo?)*

Todas as folhas foram recolhidas para posterior correção e ordenação (veja apêndices 1 e 2, nas páginas 128 e 129).

Como ainda restava metade da sessão, fizemos uma proposta sociodramática/complementar: que todos eles fizessem de conta que seriam "fotografados" para o álbum de família e escolhessem uma pose para tal. A filha imediatamente se colocou: "Mas o fato de fazermos isso aqui é diferente do que se fizéssemos lá fora. Vamos ser analisados e saber o porquê de cada um estar onde está".

As terapeutas explicaram que sim, era verdade, e levariam isso em consideração. Não obstante a "contaminação" pela artificialidade da situação terapêutica, imaginamos que obteríamos informações pertinentes e proveitosas. Deveriam fazer o melhor que pudessem; cada um teria poder de veto, caso não estivesse satisfeito com a disposição das pessoas na escultura. Deveriam trabalhar a imagem até que todos estivessem de acordo.

Em pouco mais de um minuto, a imagem estava pronta (veja figura 5). Todos sorriam (a ponto de as terapeutas comentarem entre si e em voz alta que aquele era o primeiro sorriso do filho que viam desde que o conheceram). Como aqueles membros encontravam-se na imagem em equilíbrio precário, perguntaram se podiam desfazê-la. Pedimos que mantivessem seus lugares um pouco mais (inclusive para que pudessem sentir a precariedade da situação, principal-

FIGURA 5

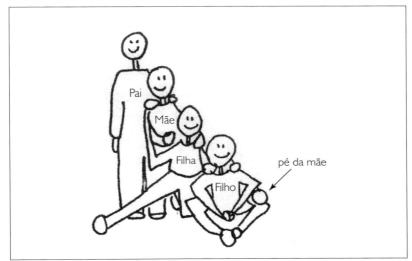

mente a das mulheres) e logo solicitamos a cada um, um por vez, que saísse de seu lugar, para que pudéssemos acompanhar as mudanças físicas que ocorreriam com a saída de cada membro.

Antes de finalizar o trabalho no tablado, a terapeuta entrou no lugar de cada um para que todos pudessem ver como ficaria a foto. O filho pediu um tempo extra para observar, até mesmo porque gostava muito de observar fotografias. Foi o único momento em que conseguiu permanecer por algum tempo sem agitação (fato que ele mesmo afirmou durante a montagem da imagem).

Comentários

1. O pai percebeu que sua saída pouco alterou a imagem. Apenas a mãe buscava apoiar-se nos filhos. Sentia alívio por um lado, mas deu-se conta de sua saída com

certa tristeza, como se não fosse tão importante na estruturação da família.

2. Com a saída da mãe, o vínculo que unia pai e filhos se desfazia. Essa imagem coincide com estudos sobre estrutura de família com membro alcoolista (Carvalho, 1987), em que a mãe serve como canal de comunicação entre o progenitor alcoolista e seus filhos. Ficava perfeitamente clara a divisão da família em duas partes. A filha não teria mais um de seus pontos de apoio e precisaria apoiar-se mais em seu irmão. Sua situação tornava-se mais precária. A situação do filho pouco se alterava, mas mantinha-se a distância entre ele e o pai com a perda do laço proporcionado pela mãe.

3. Com a saída da filha, a mãe sentia grande vazio, mas continuava mantendo sua união com o filho por meio do pé, como se quisesse que ele se aproximasse mais (o que ele não fez).

4. Ao pedir que o filho saísse para observar, a impressão era de que a "pirâmide" da composição viria abaixo. Realmente houve modificações significativas: a mãe teve de buscar outro ponto de apoio para o pé (ficou em cima do outro pé, como ela quis destacar).

5. A filha perdia outro de seus pontos de apoio e mal conseguia assegurar sua posição.

As terapeutas fizeram as seguintes observações:

a) A mãe servia como meio de comunicação entre filhos e pais.

b) Os filhos "cooperavam" com a mãe para não se colocar em contato direto com o pai, já que tinham tido a oportunidade de fazê-lo e não o fizeram.

c) O equilíbrio do lado feminino era bastante precário. Os homens serviam de pontos de apoio (o pai para a mãe, o filho para a mãe e a filha). Quando a filha reclamou da imagem, dizendo que "as mulheres são sempre discriminadas", a terapeuta comentou que aquele havia sido o lugar que elas próprias haviam escolhido.

d) Estava claro que o problema da família não era unicamente a questão da comunicação pai/filho, que havia outros relacionamentos intrafamiliares com dificuldades. A própria adequação da forma de estruturar a família foi questionada.

Encerramos a sessão dizendo que corrigiríamos o teste sociométrico e que os resultados seriam trabalhados na sessão seguinte. A família saiu menos nervosa dessa entrevista, comprometendo-se a pensar sobre a imagem que havia coconstruído.

Resultados do teste sociométrico

Quando corrigimos o teste sociométrico para os dois critérios, constatamos que a família se encontrava em uma fase ideal para intervenção terapêutica. Para o critério de número 1, o índice télico familiar era de 50%, ou seja, limítrofe entre crítico e adequado, conforme Bustos (1979). No critério 2, encontramos um índice de 41,5%, já dentro da fase crítica. Encontramos duas incongruências entre mãe (-) e filho (+) e entre os filhos (filha e filho). Houve também uma mutualidade negativa entre pai e filho e uma mutualidade indiferente entre pai e filha.

Terceira sessão

Com exceção do filho, todos chegaram cinco minutos atrasados, queixando-se de cansaço e sonolência. A família sentou-se na mesma disposição espacial da sessão anterior: pai e filha de um lado, mãe e filho do outro, quase em situação de confronto, levando-se em consideração a posição frente a frente. Essas confrontações foram confirmadas posteriormente pela sociometria.

Propusemos à família trabalhar os resultados do teste, o que foi aceito por todos. Distribuímos as folhas nas quais haviam colocado suas escolhas para o critério 1. Pedimos que cada um lesse em voz alta sua escolha sociométrica enquanto os outros três lessem também em voz alta suas percepções de escolha sociométrica, como imaginavam que haviam sido escolhidos, e que todos lessem suas justificativas para as escolhas. O clima tornou-se tenso ao serem reveladas as informações, principalmente com respeito às justificativas. A mãe, em especial, deu muitas explicações sobre suas escolhas.

Uma vez concluída a leitura, devolvemos nossos dados de correção: as incongruências e as mutualidades de cada um. Propusemo-nos a trabalhar todas as incongruências entre eles por meio de confrontação terapêutica, bem como as mutualidades negativas e indiferentes. Foi interessante notar que a única mutualidade positiva (mãe/pai) surgiu em forma de confronto no transcorrer da segunda parte da sessão. A mãe foi a primeira a ler suas escolhas sociométricas (como havia escolhido os outros membros da família em relação aos dois critérios), enquanto os outros três liam suas percepções de escolha sociométrica (como supunham ter sido escolhidos pela mãe para os mesmos critérios). O pai foi o último e declarou-se distraído, "fora do ar".

O primeiro confronto efetuado foi entre mãe e filho. As terapeutas apresentaram as regras do jogo: cada um colocava-se sentado no tablado, frente a frente, com uma almofada ao lado. Deveriam reler suas escolhas e justificativas. A almofada servia para que as terapeutas e/ou demais membros familiares não-confrontantes pudessem fazer o "duplo", isto é, verbalizar sentimentos que não estivessem sendo claramente expressos. O confronto terminaria uma vez esgotado o que cada um tivesse a dizer, aclarando-se a relação.

A diretora pôs-se próxima dos dois, enquanto a ego-auxiliar mantinha-se mais distante, sentada em sua cadeira, para eventuais intervenções, de modo a manter-se em contato com os membros não-confrontantes. Essa prática de divisão de tarefas entre diretor e ego é rotina psicodramática (Rojas-Bermúdez, 1970).

Ambos (mãe e filho) leram suas escolhas. A mãe havia escolhido o filho na coluna indiferente pela falta de freqüência com que passeavam, mas deixava muito claro que sua escolha real teria sido na coluna positiva. "Eu não te escolhi na positiva porque achei que você não me escolheria da mesma forma, já que temos estado muito distantes." Confessava sua preocupação com a ausência do filho em casa (passava muito tempo na rua, com seus amigos e programas). Quando estava em casa, fechava-se no quarto. A mãe tinha dúvidas se ele fazia isso para escapar de casa. O filho declarou que não: sentia-se bem em casa, gostava de almoçar com a família, o que sempre buscava fazer, mas preferia seus programas aos da mãe. A diretora, sentada ao lado do filho, destacou que esse era um comportamento muito semelhante ao do pai, que também se ausentava muito de casa. Todos os membros confirmaram essa intervenção.

Os dois deram o confronto por terminado, saíram do tablado, mas continuaram conversando entre si. A diretora sugeriu que voltassem ao tablado, já que havia coisas por dizer. O filho queixou-se da superproteção da mãe, o que ela confirmou, declarando que era controle, coisa que vinha trabalhando na própria terapia individual. O filho prosseguiu: "O que é bom para você (permanecer em casa) não é necessariamente bom para mim". Reclamou que às vezes se sentia obrigado a ficar em casa para agradá-la.

A filha esclareceu alguns pontos que queria dizer, e o pai começou a falar sobre o modo como vê a mãe. Os filhos correram em socorro da mãe e acusaram o pai. A mãe foi ficando cada vez mais nervosa, abraçando uma almofada. As terapeutas marcaram o confronto surgido e sugeriram que o casal continuasse a conversa no tablado.

Como os dois hesitaram em subir ao tablado, principalmente o pai, as terapeutas insistiram que, para prosseguir com o confronto, era necessário que assim o fizessem. Caso contrário, não poderiam continuar com os esclarecimentos proporcionados pelo confronto.

O pai pediu a cooperação da diretora, porque sentia que os outros o culpavam por tudo que dava errado na família. A diretora assegurou-lhe que defenderia seus interesses.

No transcurso desse confronto, todos estavam muito tensos e nervosos. A terapeuta aclarou o fato de a mãe perceber que seus filhos (que se apoiavam na ausência do pai, conforme a "foto" da sessão anterior) estavam crescendo e saindo de casa e que ela se sentia muito abandonada por ele (pai).

A intervenção fez a mãe chorar e, nesse momento, o confronto quase foi interrompido. Porém, ela concordou em prosseguir. Em momento posterior, a terapeuta esclareceu a dificuldade do pai de ser diferente: não se tratava de falta de amor, e sim de dificuldade de desenvolver um contato mais próximo com qualquer pessoa.

A filha quis fazer uma intervenção no desenvolvimento do confronto, o que não foi permitido, já que ele estava estabelecido entre os cônjuges. Também o filho quis fazer intervenções posteriores. Sugerimos que escrevessem suas colocações, pois reclamavam que as esqueceriam. Na última aclaração da terapeuta sobre o sentimento de abandono da mãe pelo marido, a mãe interrompeu definitivamente o confronto com lágrimas. Havendo esgotado o tempo da sessão, não foi permitido que os filhos fizessem outras intervenções, o que os levaria a outros confrontos.

As folhas foram recolhidas e a próxima sessão foi marcada, em meio aos protestos do filho, a quem foi informado que parte do processo de amadurecimento consistia no desenvolvimento da capacidade de tolerar frustrações e saber esperar. Também foi solicitado a todos os familiares que chegassem pontualmente à próxima sessão – nas duas últimas, o filho havia chegado no horário, ao passo que o resto da família atrasara dez minutos –, para que pudessem tirar maior proveito do tempo.

Comentários

Apesar de as regras do confronto não permitirem intervenções por parte dos membros não-confrontantes, nessa última experiência foi especialmente importante a exclusão dos comentários dos filhos, a fim de demarcar os limites da relação do casal. Vemos nessa família a tendência de os filhos socorrerem a mãe dos ataques do pai e a necessidade de os dois (mãe e pai) desenvolverem um espaço somente deles, tarefa especialmente importante, tendo em vista que em poucos anos o casal deverá estar a sós. Vemos também a importância de a mãe desenvolver sua capacidade de enfrentar o pai sem a ajuda dos filhos.

Outro aspecto que consideramos importante foi a oportunidade dada ao pai de sentir as conseqüências de sua ausência nas relações familiares, as implicações de seu comportamento boêmio. Nessa sessão vimos uma vez mais confirmada a suspeita de alcoolismo paterno.

Quarta sessão

A família chegou com dez minutos de atraso. Perguntamos se queriam retomar o confronto do casal. O pai mostrou-se disponível, a mãe não. Uma vez sinalizada a negativa da mãe, o pai recusou-se a retomá-lo (aparentemente aliviado porque a mãe o salvara de enfrentar nova situação estressante). As terapeutas sugeriram que, caso aparecessem dificuldades no futuro, retornassem ao processo de esclarecimento do confronto, o que foi aceito pela família.

Ao filho foi dada a oportunidade de expor os comentários escritos na sessão anterior, mas ele preferiu esperar para apresentá-los mais adiante. Passamos em seguida ao confronto dos filhos. Nesse momento ficou clara a dificuldade de comunicação entre os dois, já que a filha sentia que o irmão não estava disposto a mudar em absolutamente nada: "Tem de ser aceito como é", ironizou. "Sua vontade tem de imperar." Trata-se de um confronto no qual muitos conflitos foram airados e incidentes passados retomados, em especial uma briga relatada pelos dois, quando a filha xingara o irmão. Ela explicou que sua intenção não tinha sido ofender, mas que se tratava de uma forma habitual sua, "malcriada" (sic), de dirigir-se às pessoas. O irmão reiterou não aceitar que ela falasse com ele daquela forma.

No desenvolvimento do conflito entre os dois, ambos reclamaram da ausência da mãe para arbitrar a discussão. A diretora pediu à ego-auxiliar que se colocasse entre os dois confrontantes no papel da mãe para ver se sua presença facilitaria o confronto. Os filhos concluíram que sua presença impedia de ver um ao outro e que acabariam por não resolver o conflito.

Terminado o confronto, o pai comentou que pensava de forma semelhante à do filho (quanto aos palavrões), e as terapeutas destacaram essas semelhanças entre pai e filho como algo que se estendia para além do momento imediato: não gostam do uso de palavrões e, em sua rigidez, não querem mudar em nada, mas querem que os outros os aceitem como são. Comentou-se também sobre a difícil situação em que se encontram as mulheres da família, uma vez que para viver bem têm de seguir as regras dos homens.

Comentários

Nessa sessão, ficou clara a necessidade de os filhos aprenderem a se entender sem ajuda da mãe. O espaço privado dos pais deve ser preservado – não somente para eles, mas também para os filhos. Conforme comentado no final da sessão, há regras que necessitam ser renegociadas. Dentre elas, uma forma aceitável para todos de exprimir raiva.

Quinta sessão

Dessa vez a família chegou pontualmente e sentou-se da seguinte forma: pai e mãe de um lado (pela primeira vez estão próximos um do outro) e os filhos do outro, mantendo certa distância entre si.

A diretora perguntou pela semana e todos responderam que passaram bem. Faz-se silêncio. A filha então pergunta às terapeutas como devem agir fora do consultório em relação aos confrontos feitos na sessão, explicando que depois da última sessão seu irmão retomou o confronto com ela, o que a incomodou muito. O filho interrompeu para explicar, mas a filha continuou seu discurso. A mãe a essa altura começou a explicar como foi a conversa entre os filhos, fazendo comentários novamente sobre o comportamento deles em casa. Retomou a questão dos palavrões que havia sido discutida em sessões anteriores e explicou que as regras não são tão rígidas como parecem. O pai apoiou essa explicação. A impressão é de que eles querem mostrar uma imagem diferente às terapeutas, a de "família liberal".

A diretora assinala que, enquanto estão conversando sobre essas coisas, não precisam retomar os confrontos que restam. A ego-auxiliar esclarece à família que faltam, todavia, dois confrontos: a incongruência entre pai e filho. A diretora uma vez mais ressalta a dificuldade para dar início a eles.

A mãe começa a falar, comentando essa afirmação. A diretora a interrompe a certa altura para dizer que, enquanto ela fala, os confrontos não necessitam ser feitos. Com bastante delicadeza e humor, a diretora sugere uma experiência: que a mãe se mantenha calada no restante da sessão. Parece-lhe uma sugestão desnecessária (faz expressão de desagrado), mas aceita, citando que havia se dado conta disso em sua terapia individual, mas que não havia aprendido a manejar tais situações. Diante de novo silêncio, a filha oferece-se para fazer o confronto com o pai.

A filha queixa-se da distância do pai, de sua ausência. Comenta que ele é muito diferente quando está na rua (e no bar que freqüenta). Reclama que jamais a chama para sair ou passear e que não aceita os convites que ela lhe faz. Apesar de os dois gostarem de música, nem sobre isso conversam. Mostra-se bastante ansiosa no transcorrer de todo o confronto e irritada com as ironias do pai.

Como resposta às queixas da filha, o pai promete que "a levaria para tomar sorvete de frutas". De forma mais séria, diz que a ama muito e que aprecia seu interesse pela música. A filha diz já ter ouvido esses comentários muitas vezes, mas gostaria que ele demonstrasse esse amor e admiração com atos. (Aqui ela cita uma série de acontecimentos que demonstram o desinteresse e a desatenção do pai.) O pai desculpa-se, pois não pode mudar o que já aconteceu, não pode modificar o passado etc., mas promete fazer um esforço maior no futuro, já que se deu conta da importância disso para ela.

Durante o confronto, a mãe mostra-se intranqüila e muda de expressão facial, enquanto o filho acompanha tudo atentamente. Ao término do confronto, é dada à mãe a oportunidade de falar – e novamente ela começa a falar pelos outros. A diretora faz uma observação sobre isso. O pai afirma que prefere quando ela fala a vê-la calada – seu silêncio o incomoda muito. A diretora aponta que o falar da mãe, aparentemente, cumpre uma função específica: a de salvar a família de situações pesadas. Dessa forma, no entanto, ela também se priva de falar coisas pessoais.

A diretora designa uma tarefa para casa: pai e filha devem sair juntos para passear durante a semana. O pai pergunta à terapeuta onde ir e ela responde que essa decisão fica a cargo dos dois; eles devem marcar e decidir o passeio. Fica combinado para a sessão seguinte o tão esperado e simultaneamente temido confronto entre pai e filho. No entanto, a sessão foi posteriormente cancelada pela mãe. Ela explicou que o filho viajara no feriado e não estaria de volta no dia da sessão – que foi remarcada.

Comentários

Pontos importantes que devem ser ressaltados nessa sessão:

a. Uma vez mais ficou demonstrada a "política intervencionista" da mãe ao ajudar a encobrir outros conflitos na família. Ao pedir que ela se calasse, a diretora ofereceu a ela a possibilidade de exercitar um novo comportamento: calar-se diante das dificuldades dos outros.

b. Ficou claro que a reserva da mãe convém ao pai, que oculta a própria dificuldade de falar e relacionar-se com os outros. Sua intervenção serve para "salvá-lo" também de um relacionamento mais íntimo com os filhos.

c. Com o confronto, abre-se um canal de comunicação entre filha e pai, por meio de uma queixa dela que emerge no transcurso da terapia e que não havia sido claramente expressada como queixa inicial da família.

d. O filho começa a exercer autocontrole e não interrompe a conversa com a freqüência habitual.

Sexta sessão

Essa sessão foi iniciada com a pergunta ao pai e à filha sobre o cumprimento da tarefa. A filha relata que o pai chegou a marcar e comprar ingressos para uma apresentação musical, mas na última hora telefonou do bar e cancelou o programa. A filha foi sem ele.

O pai justificou-se, explicando que o fato não teve importância porque o *show* não era bom e ele havia comprado os ingressos apenas para ajudar o artista. Desculpou-se dizendo que a filha não havia se importado e fôra sozinha.

A filha respondeu dizendo que acabou indo sozinha porque não havia mais tempo de conseguir alguém que a acompanhasse e que o *show* não tinha sido tão ruim assim.

A diretora mostrou a dificuldade do pai em cumprir a tarefa. Assinalou que ele havia preferido ficar no bar a sair com a filha. O pai protestou inicialmente ("Não é bem assim"), ironizou ("Vou tentar outra vez; levo-a ao parque"). A mãe interveio para traçar o paralelo do comportamento do pai com a filha em relação ao casal: muitas vezes o pai também havia marcado encontros com ela (mãe) e cancelado na última hora. Quando a conversa começou a se dispersar, a diretora relembrou que havia uma atividade proposta para essa sessão: o confronto pai–filho.

Armou-se o cenário como de costume; o pai titubeou e pediu apoio. O filho subiu ao tablado meio envergonhado. A disposição no tablado demonstrou dificuldade em enfrentarem-se: não se olham de frente, não parecem sequer estar falando um com o outro, o que é assinalado. O filho tem dificuldade em relatar suas queixas e exemplificar situações de conflito.

O pai indica basicamente que gostaria que o filho confiasse nele, que "se abrisse" e pedisse conselhos antes de fazer "burradas", em vez de buscá-lo apenas quando sente que suas coisas não vão bem ou quando necessita de dinheiro ("Você sabe me encontrar para pedir dinheiro, por que não me busca para pedir conselhos?").

O filho responde que não o busca para pedir conselhos porque seus conselhos são motivo de briga, principalmente se não faz o que é aconselhado. O filho também reclama que é tratado como criança e que deseja descobrir algumas coisas da vida por conta própria. Considera que amadurecerá mais dessa forma.

O impasse entre eles fica claro, pois cada um quer que o outro tome a iniciativa de mudança; novamente, uma situação de espelho. Ambos deixam claro que sentem que o outro não os escuta.

Terminam o confronto aceitando que suas atitudes similares os distanciam um do outro. Não apresentam propostas concretas de mudança.

Durante o confronto, mãe e filha mostraram-se muito inquietas, especialmente a mãe.

A diretora propõe que sejam dadas duas semanas até o próximo retorno, para que tenham a oportunidade de cumprir o critério 1 com aqueles membros da família que foram escolhidos na coluna positiva. Nessa sessão, a família questiona sua disponibilidade real de efetuar mudanças e se deveria prosseguir ou não com a terapia se fosse comprovado que não desejava mudar. É marcada uma avaliação para a próxima sessão, utilizando-se o cumprimento do critério como meio avaliativo.

Comentários

Essa sessão foi importante para que os homens da família pudessem compreender o seguinte:

1. Suas atitudes em comum são comportamentos similares. Ambos são rígidos, sem inclinação para grandes mudanças e querem ser aceitos como são. Querem que o outro se acomode ao seu próprio modo de viver.

2. Os dois não só se deram conta dessas constatações, como viram-se obrigados a reconhecê-las e assumi-las.

Sétima sessão (final)

Todos chegaram atrasados. O filho chegou primeiro e depois os outros integrantes da família. A mãe explicou que não tinham certeza se o filho viria, já que estava viajando, e que os outros já haviam resolvido que essa seria a última sessão, caso ele viesse ou não. O filho explicou que tinha vindo direto da fazenda, em um esforço grande de estar presente, demonstrando para todos a importância que dava à sessão terapêutica.

A mãe e o pai continuaram sentados juntos, só que agora bem próximos um do outro. Nota-se uma integração melhor entre eles. A relação dos filhos parece menos tensa.

As terapeutas perguntam pelo cumprimento do critério, e a família descreve pseudo-realizações: saíram todos juntos no aniversário da mãe. O filho encontrou-se casualmente com os pais e conversou com eles no bar. Pai e mãe foram a um *show* com a filha e o namorado dela ("Eu e meu pai nos sentamos juntos, lado a lado, e conversamos – valeu, não?").

A mãe relatou que cumpriu com dificuldade a solicitação da sessão anterior de não servir de porta-voz entre pai e filhos, mas que em dois momentos se deu conta de estar entrando no jogo de novo. Relatou disposição para continuar nesse esforço de não servir de mediadora entre os membros familiares e participou sua decisão de retomar sua terapia individual, que havia interrompido por causa da terapia familiar.

Foi feita uma avaliação do trabalho terapêutico até o momento. Ficava claro que essa seria a última sessão, inclusive porque a ego-auxiliar sairia de licença-maternidade nos próximos dias.

O filho confessou que não havia pensado muito, mas percebera muitas coisas sobre si mesmo, sobre os outros membros da família e suas relações.

A mãe expressou certa insatisfação por não haver conseguido seu objetivo (implicitamente: mudanças no comportamento do pai); relatou ter notado maior aproximação entre os filhos, o que eles, um pouco surpresos com a constatação, confirmaram.

A filha afirmou que sua relação com o irmão melhorou, mas que fora isso não notou grandes mudanças – somente esclarecera o que ela já sabia sobre a família.

O pai expressou que também notara melhor as coisas e que agora era "omisso por opção".

A diretora fez uma avaliação de cada um, recapitulando o que foi exposto e complementando: o pai tinha a opção de ser omisso, isto é, agora ele podia conscientemente escolher entre beber ou relacionar-se com a família (injunção paradoxal). Os membros da família teriam de respeitar a escolha do pai e conviver com ela. Quanto ao filho, este demonstrava mudança significativa na capacidade de ouvir o outro. Nessa mesma sessão, quando interrompeu o discurso da mãe, devolveu-lhe a palavra, reconheceu que a havia interrompido e pediu que continuasse. Finalmente, confirmou o sofrimento da mãe e seu impulso para retomar a terapia individual.

A diretora também indica aos filhos a importância do que anotaram para suas futuras escolhas maritais e o relacionamento familiar que eventualmente viessem a construir. Expressa satisfação de ter trabalhado com eles e da confiança que depositaram nela ao exporem suas dificuldades íntimas.

A ego-auxiliar faz avaliação similar do tratamento, acrescentando que admirava a mãe por seu esforço para tentar mudar os outros e por investir tão-somente na família; confirmou o desejo da mãe de investir mais em si mesma no futuro para aliviar a fonte de frustração que sentia e que não a ajudava a crescer. Assinalou também a semelhança entre o comportamento da mãe e da filha; e que aquilo que o pai chamava de omissão tratava-se de sua dificuldade de estabelecer vínculos afetivos mais profundos que poderiam ser trabalhados em sua terapia individual, processo que seguiria mais adiante. Ressaltou a importância da percepção real da família como forma de mudança.

As terapeutas encerraram a sessão solicitando um retorno em quatro meses para repetição do teste e nova avaliação familiar, o que ficou acordado. Também solicitaram autorização para a publicação do estudo de caso, resguardado o sigilo e a privacidade da composição familiar, o que todos foram unânimes em permitir.

Discussão do caso

Ao contrário do combinado na última sessão, o retorno da família, quando esperávamos reiterar os resultados finais com a repetição do teste sociométrico como avaliação final, acabou não ocorrendo. Podemos depreender mediante a avaliação da família e das terapeutas, porém, que valeu a pena ter aclarado a situação familiar, o que devolveu à família a possibilidade de alternativas: mudar ou seguir como estavam.

Contudo, uma vez esclarecidos os vínculos, torna-se impossível retornar ao modelo de convivência vigente até o momento, pois não há como fingir ignorância quanto aos jogos de relacionamento familiar. Observamos que a convivência melhorou entre os membros, ao menos pela constatação clínica: os filhos entendem-se melhor, a mãe estipula uma promessa de continuar mudando, o pai assume sua omissão, o filho aprende a ouvir os outros e respeita aqueles que defendem opiniões diferentes da sua.

Discussão dos dados

Critério I

O índice de percepção (IP) da família está abaixo de 50% (média 49,5%). Somente a filha percebe os integrantes com precisão, já que seu índice de percepção de escolha sociométrica foi de 100%. Isso fica confirmado em sua declaração final: "Ficou claro o que eu já havia notado".

Por outro lado, somente a mensagem emitida pelo pai está clara, o que também foi confirmado pela família ("Ele é quem dificulta o relacionamento"). Se uma pessoa emite mensagens confusas, quem tem de decifrá-las o faz com dificuldade.

Mãe e filho apresentaram índices télicos (média de percepção/emissão) mais baixos, mas efetuaram as maiores mudanças e relataram o quanto sua percepção havia se aprimorado com a terapia.

O índice télico familiar caiu em um limite fronteiriço somente graças ao IP=100% da filha e ao IE=100% do pai. Caso contrário, já no critério 1 (vínculo mais superficial de passear) teria ficado em um limite crítico. Para surpresa geral, nesse critério a estrela sociométrica (maior número de mutualidades) foi o pai, o que nos leva a supor que ele cumpre uma função de organizador familiar (ao funcionar como estrela para passeios). Tal afirmação reitera os estudos de Steinglass (1976) sobre a função do alcoolismo na família como elemento de coesão grupal.

Critério 2

Os dados no critério 2 são marcantes. Alguns comentários relevantes:

Aparecem aqui índices = zero (mãe, IP; pai, IE). Vemos que, em um nível mais íntimo, as pessoas não se conhecem bem. O pai, que era bem conhecido em um vínculo mais superficial, passa a ser a pessoa menos conhecida. Realmente possui dificuldade em expressar o que sente mais intimamente, já que os outros não conseguem notar o que ele pensa transmitir. A mãe percebe mal a todos os demais, enquanto o pai os nota significativamente melhor (IP = 67%). No entanto, a mãe emite mensagens tão claras que é a mais bem notada por todos (IE = 100%).

O índice télico familiar nesse caso (41,5%) justifica a intervenção terapêutica. Não há estrela sociométrica bem definida para esse critério, mas os mais próximos disso seriam a mãe e o filho (mutualidade = 2), caso tivéssemos de fazer uma escolha. Uma vez mais, esses resultados corroboram aqueles levantados na dissertação (Carvalho, 1987) sobre a estrutura de famílias alcoólicas.

Conclusão

Inicialmente, concluímos que a intervenção sociométrica familiar pode ser útil para incentivar o desenvolvimento dos vínculos familiares. Como foi exposto à família na penúltima sessão, essa fase da terapia havia sido eminentemente diagnóstica. Caso quisessem trabalhar mudanças mais significativas visando à integração familiar, poderiam reformular o contrato terapêutico inicial. Essa não foi a opção final da família.

Vimos que o teste sociométrico é um instrumento útil como diagnóstico relacional e que os confrontos terapêuticos servem de estratégia para esclarecimento e mudança familiar. Os resultados preliminares levantados pelo teste sociométrico familiar e pela escultura familiar foram confirmados posteriormente pela intervenção terapêutica, por meio de confrontos terapêuticos.

A interrupção do processo de psicoterapia familiar coincidiu com mudanças significativas dos membros da família. Essas foram devidamente sinalizadas e compreendidas à luz das informações sociométricas fornecidas pelos familiares.

Nessa avaliação sociométrica familiar pudemos constatar:

1. Mudanças reais que alguns membros da família experimentaram, principalmente a mãe (que quer modificar sua forma de agir com a família e faz proposta

concreta nessa direção, por meio da busca de terapia) e o filho (que dá mostras de sua mudança já na própria sessão).

2. A dificuldade da família é justamente mudar jogos interacionais. Entre a quinta e a sexta sessão, a mãe ligou para a ego-auxiliar com o intuito de cancelar o encontro e confessou que o filho estava pensando em viver com a namorada. Esse assunto jamais surgiu nas sessões e não foi tratado pelas terapeutas, já que o conteúdo a ser trabalhado na sessão teria de se restringir ao que fôra colocado na presença de todos. Assinala, contudo, os segredos familiares e a dificuldade do grupo de tratar de temas de sua realidade diária. Se a família assume não mudar oficialmente, esse é um direito que a assiste, o que foi explicitamente desafiado pelo pai – que poderia seguir como estava, mas consciente de que essa era sua opção.

Epílogo

Três anos depois, a segunda autora pôde voltar a entrevistar essa família para fazer um seguimento. Todos chegaram com muita vontade de participar; a sessão durou duas horas. A filha se casara no ano anterior e agora vivia no interior do país, não podendo comparecer à sessão. O casamento foi realizado nas bodas de prata dos pais. O pai havia se aposentado e estava amando a nova condição. Disse que tinha mais tempo para se dedicar à família. A mãe aparentou maior serenidade, menos ansiedade. O filho terminara a faculdade e vivia na casa dos pais, mas tinha um emprego em sua área profissional.

A terapeuta pediu aos três membros da família que fizessem uma imagem utilizando as almofadas do consultório, de modo a expressar como era a família antes e depois da terapia (veja figura 6).

Informaram à terapeuta que se sentiam melhor. Não atribuíam as mudanças à terapia, mas às crises pelas quais a família passou, que fizeram que se unissem: o casamento da filha, o fato de o filho ter sido preso por acobertar (ingenuamente?) um amigo que tentara roubar um carro. Depois da prisão, a família percebeu de forma apropriada que precisava mudar alguns aspectos de sua forma de relacionamento. O pai desenvolveu uma relação mais próxima com o filho, mas exigiu que este respondesse melhor à disciplina, o que o ajudou a evitar mais problemas.

O filho ainda reclamava de dificuldades pessoais e estava pensando seriamente em procurar terapia individual. A mãe sentia saudades da filha e às vezes se irritava por ter o

FIGURA 6

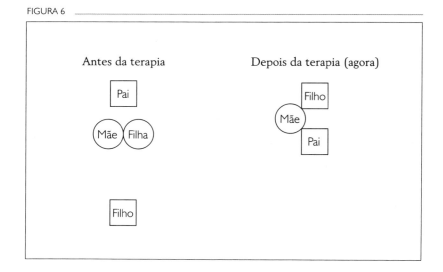

marido em casa o tempo todo. Também confessou que estava com um pouco de ciúme da relação que o pai e o filho agora desfrutavam. Os hábitos de bebida do pai não parecem mais ser um problema, e a mãe agora toma medicação para ansiedade. Houve um período em que o pai chegou a tomar carbolitium.

As terapeutas concluíram que os confrontos terapêuticos ajudaram a abrir canais de comunicação que permitiram a possibilidade de resolução das crises que enfrentavam. A queixa inicial (a relação pai–filho) obviamente está mais resolvida. A filha sentiu-se livre para casar, o filho não usou o fato de a namorada estar grávida como estratégia para casar e "fugir" de casa, conseguindo finalmente que seu pai se vinculasse melhor com ele depois de ser preso. O fato de que a família pôde fazer as mudanças necessárias nos momentos oportunos faz pensar que há maior flexibilidade na família. A mãe está de luto pela perda do seu "controle" sobre os filhos e provavelmente sofre um pouco da síndrome do ninho vazio.

A avaliação geral da intervenção durante o período terapêutico, bem como o seguimento pós-terapia, faz que as autoras reconheçam que o uso do teste sociométrico e dos subseqüentes confrontos terapêuticos pode se constituir em uma forma promissora de atender a famílias com conflitos interacionais.

Apêndice 1 – Critério 1

	Sociométrico	Perceptual
Pai/Mãe	1+	1+
/Filho	1–	1+–
/Filha	1+–	1+–
Mãe/Pai	1+	1+
/Filho	1+–	2+–
/Filha	2+	1+–
Filho/Pai	1–	1–
/Mãe	1+	1+
/Filha	1+–	1+–
Filha/Pai	1+	1+–
/Mãe	1+–	1+
/Filho	1–	2+–

Mutualidades (quando escolhas sociométricas coincidem)
Pai = 3, Mãe = 1, Filho = 1, Filha = 1

Incongruências (quando escolhas sociométricas não coincidem)
Pai = 0, Mãe = 2, Filho = 2, Filha = 2

	Pai	Mãe	Filho	Filha
IP(%)	33	33	33	100
IE(%)	100	33	33	100
IT(%)	67	33	33	67

ITF = 50% (média dos índices télicos de todos os membros da família)
IP = Índice perceptual; IE = Índice de emissão; IT = Índice télico
ITF = Índice télico familiar

Apêndice 2 – Critério 2

	Sociométrico	Perceptual
Pai/Mãe	1–	2+
/Filho	1+	1+
/Filha	1+–	1–
Mãe/Pai	2+	2+–
/Filho	1–	1+–
/Filha	1+	2+–
Filho/Pai	1–	1–
/Mãe	2–	2–
/Filha	1+	1+
Filha/Pai	1–	1–
/Mãe	1+	2+
/Filho	1+–	1+

Mutualidades
Pai = 3, Mãe = 1, Filho = 1, Filha = 1

Incongruências
Pai = 3, Mãe = 1, Filho = 1, Filha = 2

	Pai	Mãe	Filho	Filha
IP(%)	67	0	33	67
IE(%)	0	100	33	33
IT(%)	33	50	33	50

ITF = 41,5%

FIGURA 7

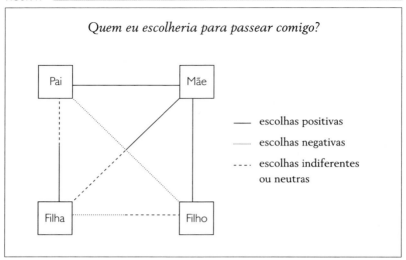

FIGURA 8

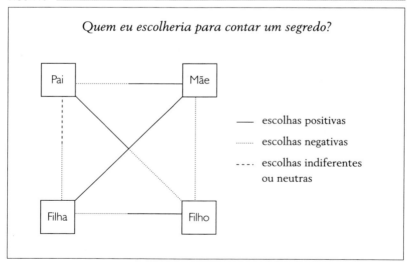

Referências bibliográficas

BERG, B. L. *Qualitative research methods for the social sciences.* 3 ed. Boston: Allyn & Bacon, 1998.

BLAKE, R. R.; MCCANSE, A. A. The rediscovery of sociometry. *Journal of group psychotherapy psychodrama and sociometry,* n. 43, p. 148-65, 1989.

BUSTOS, D. *O teste sociométrico.* São Paulo: Brasiliense, 1979.

CARLSON-SABELLI, L.; SABELLI, H.; HALE, A. E. "Sociometry and sociodynamics". In: HOLMES, P.; KARP, M.; WATSON, M. (eds.). *Innovations in theory and practice: psychodrama since Moreno.* Nova York: Routledge, 1984, p.147-85.

CARVALHO, E. R. S. *A estrutura sociométrica de famílias alcoólatras: um estudo exploratório.* 1987. Dissertação (Mestrado) – Universidade de Brasília, Brasília, Distrito Federal.

CARVALHO, E. R.S; BRITO, V. C. A. "Sociometric intervention and family therapy: a case study". *Journal of group psychotherapy psychodrama and sociometry,* n. 47, p. 147-64, 1985.

_____. The use of sociometry/therapeutic confrontations in the resolution of intra-group conflicts: consequences for human relationships. Manuscrito não publicado, 1986.

CRAIG, R. J. *Entrevista clínica e diagnóstica.* Porto Alegre: Artes Médicas Sul, 1991.

HALE, A. *Conducting clinical sociometric explorations: a manual for psychodramatists and sociometrists.* Roanoke: Royal Publishing House, 1981.

HALEY, J. *Problem-solving therapy.* Nova York: Harper Colophon Books, 1976.

HALEY, J.; HOFFMAN, L. *Techniques of family therapy.* Nova York: Basic Books, 1967.

JENNINGS, H. H. *Sociometry in group relations.* Washington, DC: American Council on Education, 1948.

MINUCHIN, S. *Families and family therapy*. Cambridge: Harvard University Press, 1974.

MONTEIRO, A. M. *Casais de dupla carreira no contexto institucional: um estudo exploratório*. 1997. Dissertação (Mestrado) – Universidade de Brasília, Brasília, Distrito Federal.

_____. *Sociometria diádica: considerações teórico-práticas*. 2001a. Tese (Doutorado) – Universidade de Brasília, Brasília, Distrito Federal.

_____. "Teste sociométrico diádico: método de investigação co-construída". *Revista Brasileira de Psicodrama*, v. 9 n. 2, p. 65-83, 2001b.

MORENO, J. L. *Fundamentos de la sociometría* (Who shall survive?). 2 ed. Buenos Aires: Paidós, 1972.

_____. *Psicodrama*. São Paulo: Cultrix, 1975.

_____. *Psicoterapia de grupo e psicodrama*. 3 ed. São Paulo: Livro Pleno, 1999.

_____. *Psychodrama*. v. 3. Nova York: Beacon House, 1969.

_____. *Sociometry, experimental method and the science of society: an approach to a new political orientation*. Nova York: Beacon House, 1951.

MORENO, Z. 1; BLOMKWIST, L. D.; RÜTZEL, T. *Psychodrama, surplus reality and the art of healing*. Londres: Routledge, 2000.

NAPIER, A.; WHITAKER, C. *The family crucible*. Nova York: Harper & Row, 1978.

ROJAS-BERMÚDEZ, J. *Introdução ao psicodrama*. São Paulo: Editora Mestre Jou, 1970.

STEINGLASS, P. *Experimenting with family treatment approaches to alcoholism, 1950-1975: a review*. Basel: Family Process, 1976, n. 15, p. 97-123.

TREADWELL, T. W.; KUMAR, V. K.; STEIN, S. A.; PROSNICK, K. "Sociometry: tools for research and practice". *The International Journal of Action Methods: Psychodrama, Skill Training, and Role-Playing*, v. 51, n. 1, p. 23-40, 1998.

ZIMERMAN, D. E.; OSÓRIO, L. C. *Como trabalhamos com grupos*. Porto Alegre: Artes Médicas Sul, 1997.

WATZLAWICK, P.; BEAVIN, J. H.; JACKSON, D. D. *A pragmática da comunicação humana: um estudo dos padrões, patologias e paradoxos da interação*. São Paulo: Cultrix, 1996.

Os organizadores

André Maurício Monteiro é psicólogo, mestre em Psicologia clínica e doutor em Psicologia pela Universidade de Brasília (UnB). Além de psicodramatista, terapeuta-didata e professor-supervisor em psicodrama credenciado pela Federação Brasileira de Psicodrama (Febrap), tornou-se *full trainer* em Eye Movement Desensitization and Reprocessing (EMDR) pelo EMDR Institute dos Estados Unidos (www.emdr.com), ministrando treinamentos em várias cidades do Brasil e de Portugal. É psicoterapeuta (individual, conjugal e grupal) de adolescentes e adultos na Focus – Consultoria em Relacionamentos Interpessoais, da qual é co-fundador, e ministra aulas em cursos de formação de psicodrama. Foi professor do curso de psicologia da Universidade Católica de Brasília (UCB) entre 2000 e 2007. Com Valéria Brito e Devanir Merengue, é co-autor do livro *Pesquisa qualitativa e psicodrama*, lançado em 2007 pela Editora Ágora. Atividades de pós-doutorado incluem estágios no Psychiatrische Dienste Thurgau – Münsterlingen (Suíça) e na Rhein-Klinik em Bad Honnef (Alemanha).
Contato: andre@emdriberoamerica.org

Esly Regina Souza de Carvalho é psicóloga e mestre em psicologia pela UnB. É psicodramatista, terapeuta-didata e professora-supervisora credenciada pela Febrap e *train-*

er-educator-practitioner (TEP) credenciada pela American Board of Examiners of Psychodrama, Sociometry and Group Psychotherapy, além de *senior trainer* em EMDR pelo EMDR Institute dos Estados Unidos, e presidente da EMDR Ibero-América (www.emdriberoamerica.org). Ministra treinamentos em várias cidades do Brasil, Equador, Portugal e Espanha. Foi presidente da Associação Brasiliense de Psicodrama e Sociodrama (ABP) e fundadora de cursos de formação em psicodrama na Bolívia e no Equador (APSE). É autora dos livros *Jogos dramáticos para cristãos*, *Saúde emocional e vida cristã*, *Quando o vínculo se rompe* e *Família em crise* (editados também em espanhol), além de inúmeros artigos e manuais.

As co-autoras

Valéria Cristina de Albuquerque Brito é psicóloga, mestre em Psicologia Clínica e doutora em Psicologia pela UnB; é psicodramatista, terapeuta-didata e professora-supervisora em psicodrama, credenciada pela Febrap. Além de psicoterapeuta (individual e grupal) de adolescentes e adultos na Focus – Consultoria em Relacionamentos Interpessoais, da qual é co-fundadora, ministra aulas em cursos de formação de psicodrama. Foi professora do curso de Psicologia da UCB de 2000 a 2007.

Heve Otero de Sosa é psicóloga e psicodramatista, supervisora de psicodrama pela Febrap, mestre em Psicologia Comunitária pela Universidade de Boston e psicoterapeuta de família e casais pelo Kantor Family Institute. É diretora do Grupo de Psicodrama de Assunção, Paraguai (Grupa), e consultora e pesquisadora social em direitos da infância e adolescência.

———————— dobre aqui ————————

CARTA-RESPOSTA
NÃO É NECESSÁRIO SELAR

O SELO SERÁ PAGO POR

C AVENIDA DUQUE DE CAXIAS
1214-999 São Paulo/SP

———————— dobre aqui ————————

cole aqui

CADASTRO PARA MALA-DIRETA

Recorte ou reproduza esta ficha de cadastro, envie-a completamente preenchida por correio ou fax, e receba informações atualizadas sobre nossos livros.

Nome: _____ Empresa: _____
Endereço: ☐ Res. ☐ Com. _____ Bairro: _____
CEP: _____-_____ Cidade: _____ Estado: _____ Tel.: ( ) _____
Fax: ( ) _____ E-mail: _____ Data de nascimento: _____
Profissão: _____ Professor? ☐ Sim ☐ Não Disciplina: _____

1. Onde você compra livros?
☐ Livrarias   ☐ Feiras
☐ Telefone   ☐ Correios
☐ Internet   ☐ Outros. Especificar: _____

2. Onde você comprou este livro? _____

3. Você busca informações para adquirir livros por meio de:
☐ Jornais   ☐ Amigos
☐ Revistas   ☐ Internet
☐ Professores ☐ Outros. Especificar: _____

4. Áreas de interesse:
☐ Psicologia   ☐ Comportamento
☐ Crescimento Interior ☐ Saúde
☐ Astrologia   ☐ Vivências, Depoimentos

5. Nestas áreas, alguma sugestão para novos títulos? _____

6. Gostaria de receber o catálogo da editora? ☐ Sim ☐ Não

7. Gostaria de receber o Ágora Notícias? ☐ Sim ☐ Não

Indique um amigo que gostaria de receber a nossa mala-direta.

Nome: _____ Empresa: _____
Endereço: ☐ Res. ☐ Com. _____ Bairro: _____
CEP: _____-_____ Cidade: _____ Estado: _____ Tel.: ( ) _____
Fax: ( ) _____ E-mail: _____ Data de nascimento: _____
Profissão: _____ Professor? ☐ Sim ☐ Não Disciplina: _____

Editora Ágora
Rua Itapicuru, 613 7º andar 05006-000 São Paulo - SP Brasil Tel. (11) 3872-3322 Fax (11) 3872-7476
Internet: http://www.editoraagora.com.br   e-mail: agora@editoraagora.com.br